Dorothea Neumayr

Die Heilkraft der Stillen Zeit

Advent,
Weihnachten
und Raunächte
besinnlich erleben

Für meine Mutter und meinen Herzensfreund Bruder David Steindl-Rast
in inniger Dankbarkeit für all die Inspiration, die sie mir schenken

nymphenburger

Inhalt

Zum Geleit

Die Stille Zeit im Jahreskreis 6
Rituale – heilige Handlungen 7
In den Rhythmus finden 7
Heilsamer Rauch 8
Ein Ort für Deinen täglichen Rückzug 10
Jeden Tag Zeit für Dich selbst 11
Für DICH … 13

Herbst – Zeit der Ernte

Fülle und Dankbarkeit leben 18
Abschied nehmen vom Sommer 22
Goldene Momente atmen 31
Erntesegen teilen 32
Ich bin dankbar 33
Heimischen Waldweihrauch sammeln 39
November – Zeit der Transformation 41
Alle Heiligen und Samhain 43
Wege nach innen 46
Mit anderen teilen – die Legende vom Heiligen Martin 53
Komm, ich erzähl Dir eine Geschichte 53

Advent – heilsame Zeit, Weihe-Zeit

Dezember – die stillste Zeit im Jahr 60
Innenschau halten 61
Advent, Advent, ein Lichtlein brennt … erst eins … 61
Barbaratag – 4. Dezember 64
Meine Adventszeit 66
Wenn ich schlafe, dann träume ich … 67
Frautragen 72
Gegrüßet seist Du Maria 72

… dann zwei, dann drei, dann vier …	74
Die Sonne feiern	75
Zur Ruhe kommen und Kraft schöpfen	78
… dann steht das Christkind vor der Tür	80

Raunächte – Zeit des Übergangs

Heilige Nächte	87
Raunächte sind *eine* Zeitqualität des Jahres	90
Die zwölf Heiligen Nächte und ihre Essenz	94
Wurzeln und weibliche Kraft – 25. Dezember	94
Der inneren Führung vertrauen – 26. Dezember	97
Öffne Dein Herz und lass Wunder zu – 27. Dezember	98
Auflösen und Transformieren – 28. Dezember	100
Selbstliebe und Freundschaft – 29. Dezember	102
Zur Erinnerung	107
Bereinigen und Altes abschließen – 30. Dezember	107
Das Alte gut zu Ende bringen – 31. Dezember	109

Neujahr bis Mariä Lichtmess

Januar – und jedem Anfang wohnt ein Zauber inne …	114
Willkommen Neues Jahr – 1. Januar	116
Geduld und Muße – 2. Januar	120
Vergeben, versöhnen und Frieden schließen – 3. Januar	123
Dankbar sein – 4. Januar	127
Tag der Gnade, Nacht der Wunder – 5. Januar	129
Wenn das neue Jahr sich langsam zu bewegen beginnt	130
Dem Stern folgen – 6. Januar	131
Dein Freund, der Baum, im Winter	134
Mittwinter	135
Die »Stille Zeit« geht zu Ende	137
Mariä Lichtmess – 2. Februar	140
Ausklang	142

Zum Geleit

In der Stille angekommen
gehe ich in mich,
stehe ich zu meinen Stärken und Schwächen,
liegen mir mein Leben und die Liebe
am Herzen.
In der Stille angekommen
sehe ich mich,
Dich, Euch und die Welt mit anderen Augen,
mit den Augen des Herzens.
In der Stille angekommen
höre ich auf mein Inneres,
spüre ich Geborgenheit,
lerne ich Gelassenheit,
tanke ich Vertrauen.
– Ernst Ferstl –

Die Stille Zeit im Jahreskreis

Zu allen Zeiten orientierten sich die Menschen am Stand von Sonne und Mond und am Lauf der Gestirne. Sie erlebten den Wechsel der Jahreszeiten und ihre Wandlungsphasen ganz bewusst und übernahmen den immerwährenden Zyklus der Natur auch für ihr Leben.

Wie außen, so innen – unsere Vorfahren akzeptierten das Rad des Lebens, das Keimen, Wachsen, Blühen, Reifen und Vergehen, im Wissen, dass auch unser Seelenleben in diesem Rhythmus verwoben ist. Es entstanden Bauernregeln, Lostage und Feste im Jahreskreis, mit ihren besonderen Energien. Dieses alte, über viele Generationen gesammelte Wissen, existiert auch heute noch, wenngleich uns vieles davon gar nicht mehr bewusst ist. Selbst wenn wir gläubig sind, sollte uns klar sein, dass die Feste im Jahreskreis, die Wurzeln unserer Kultur, ursprünglich heidnischer Natur sind.

Alles ist mit allem verbunden. Im Kreislauf des Lebens geht nichts verloren, es wandelt sich nur. Wenn wir das erkennen und uns vertrauensvoll dem natürlichen Rhythmus hingeben, wird die Natur für uns wieder heilig und beseelt. Durch das achtsame Durchwandern der Stillen Zeit bekommen wir ein gutes Gespür für unsere eigene Natur und für das Gesamtbild der Schöpfung, in die wir eingebettet sind. Wir lernen Zeichen zu lesen, zu manifestieren, zu wandeln, uns mit der Weisheit unserer Ahnen zu verbinden, Altes abzustreifen, den unsichtbaren Pfaden unserer Seele zu folgen und das Licht des neuen Morgens zu empfangen. So spüren wir bewusster und deutlicher unseren eigenen Rhythmus, der uns durch's Leben trägt. Das Besondere an dieser Reise durch die stille, dunkle Zeit ist, dass sie uns erleben lässt, wie eng unser Fühlen und Erleben, unsere Lebensfreude, unsere Kraftressourcen, unser Schlaf- und Wachrhythmus mit den Veränderungen in der Natur zusammenhängen.

So können wir auch Zugang finden zu den spirituellen Energien, die immer und überall um uns sind. Wir spüren, wie sehr wir beschützt und getragen werden von den göttlichen Kräften, den »Spirits« oder Engeln – gleich-gültig, wie wir sie nennen.

Dieses Buch möchte Dir Anregungen geben, wie Du die Stille Zeit und die Weisheit, die sie in sich birgt, als Spiegelbild innerer Wachstumsprozesse erleben kannst. Es nimmt Dich an die Hand und schenkt Dir mithilfe von Bewusstseinsübungen, Impulsen und Ritualen neue, heilsame und stärkende Erfahrungen. Du kannst an das Wissen alter Kulturen anknüpfen, in dem Du überlieferte Rituale und Übungen machst. Du kannst durch Achtsamkeit Kontakt aufnehmen zu den Genien von Kraftorten, Tieren oder den Wesen der Bäume. Die Stille Zeit lädt Dich auf eine Reise in Deine inneren Welten ein, ins Reich Deiner Seele. Du kannst die Zeit der Stille und der Innenschau nutzen, um bestimmte Lebensthemen, wie Bilanzziehen, Abschiednehmen, aber auch Einsamkeit und Loslassenmüssen, neu anzuschauen und zu heilen.

RITUALE – HEILIGE HANDLUNGEN

Der Lauf der Natur sorgt für Balance zwischen der Aktivität im Außen und dem Rückzug nach innen, dem In-die-Stille-Gehen. Da die Erde um die Sonne kreist, erleben wir eine dunkle und eine helle Jahreshälfte. Unsere Ahnen verstanden das Winterhalbjahr als stille Jahresnacht. Dort, wo Licht und Dunkel aufeinandertreffen, ergeben sich immer besondere Momente des Übergangs, die wir bewusst erleben können. Im Kleinen ist es die Dämmerung, die wir oft als magisch empfinden, da sich kurz vor Sonnenaufgang der Zugang zu feinstofflichen Energien lichtet.
Zur Sonnenwende, zum Jahreswechsel und ganz speziell zur Zeit der Raunächte, wird der Schleier zur Anderswelt durchlässiger und erleichtert uns den Austausch mit anderen Ebenen des Seins. Diese wohl mystischste Zeit des Jahres wurde von unseren Vorfahren mit besonderer Achtsamkeit gelebt. Uns ist ein großes Wissen aus früheren Zeiten erhalten geblieben, das heute noch zur Verfügung steht. Alles, aus dem wir schöpfen und was unser Wesen ausmacht, ist energetisch fest mit unseren Ahnen verbunden. Diese alten Rituale dürfen wir, angepasst an die Anforderungen der modernen Zeit, als Anker in unserem schnelllebigen Alltag neu entdecken und verstehen. Dabei sollten wir uns bewusst machen, dass alte Traditionen und Rituale an Kraft gewinnen, wenn wir uns mit der Zeit verbinden, in der Rituale als heilige Handlungen viel stärker verankert waren als heute.

IN DEN RHYTHMUS FINDEN

»Leben ist Rhythmus«, sagte der Anthroposoph Rudolf Steiner. Der wichtigste Rhythmus für uns ist der Atem, aber auch unser Blutkreislauf. Es gibt unzählige, gleichmäßig wiederkehrende Bewegungen in der Natur: Tag und Nacht, Ebbe und Flut, Werden und Vergehen, wir Menschen sind in den Rhythmus der Erde und des Himmels eingebettet.
Wir brauchen die natürlichen Rhythmen als Takt- und Zeitgeber für ein gesundes Leben – ergänzen wir das Potenzial von Rhythmen als Impulsgeber mit der heilenden Kraft von Ritualen, erhöhen wir deutlich unser Wohlbefinden. Rituale sind Handlungen, die einem bestimmten Rhythmus folgen, die in einem bestimmten Raum, in einer festgelegten Zeit und mit einer verlässlichen Struktur ablaufen. Bevor wir uns den großen Rhythmen der Natur

zuwenden, sollten wir allerdings unsere eigenen kleinen Rhythmen und Rituale erkennen und wertschätzen.

Alltägliche kleine Handlungen schenken Sicherheit und Vertrauen und sind nicht nur für Kinder unverzichtbar. So machen Zähneputzen und Händewaschen vor dem Essen die persönliche Hygiene zur Gewohnheit, das Tischgebet fördert die Dankbarkeit und das achtsame Essen, die Gutenachtgeschichte schenkt Geborgenheit für einen guten Schlaf. Ein Ritual unterscheidet sich in vielerlei Hinsicht von einer oberflächlichen Routine des Alltags und besitzt unendlich mehr Kraft. Rituale sind grundsätzlich feierliche, achtsam durchgeführte Handlungen, die nach bestimmten Regeln ablaufen, dabei ist die innere Haltung von großer Bedeutung.

Gleich-gültig, ob wir räuchern oder eine Nachtwanderung machen, sollten wir dies immer in einer feierlichen, würdevollen Stimmung tun. Würdevoll heißt mit ganzem Herzen, achtsam, wach und bewusst auf das Ritual fokussiert und nicht als leere äußere Pflichtübung durchgeführt. Heilige Handlungen entfalten auf der Gefühlsebene ihre besondere Kraft und Mystik, sie entziehen sich den Regeln der Logik und bringen uns ins Fühlen und Vertrauen. Alle Rituale helfen uns, uns mit etwas Größerem zu verbinden, uns von der rationalen Ebene in einen veränderten Bewusstseinszustand führen zu lassen, um eine tiefe spirituelle Erfahrung zu machen, die unsere Seele nährt. Nicht das Ritual ist heilig, sondern das, was dahintersteht!

HEILSAMER RAUCH

Das Räuchern gehört wohl zu den ältesten Ritualen. Der duftende Rauch stellt eine Verbindung zu den höheren Mächten her, zwischen Himmel und Erde und unterstützt seit Menschengedenken nicht nur rituelle und sakrale Handlungen, sondern auch erotische Rituale. Ursprünglich wurden Pflanzen, Wurzeln, Rinden, Flechten und Harze aus den Wäldern und Blüten, Blätter und Samen von Pflanzen der umliegenden Wiesen verräuchert. Erst die Kelten brachten aus Persien fremde Harze mit, insbesondere Weihrauch und Myrrhe. Diese waren anfangs so kostspielig, dass sie nur dem Adel und der Kirche vorbehalten waren.

Räuchern ist ein Ritual, das zentriert und nach innen führt, deshalb wird es während der dunklen stillen Zeit des Winterhalbjahres besonders gerne zelebriert. Aber auch während des Jahres kann Räuchern zu jeder Zeit eine alltägliche Handlung in ein effizientes Ritual verwandeln, mit dem wir bewusst den Raum für Neues öffnen, Altes und Belastendes lösen und in Liebe dankbar verabschieden können.

Rituale – auch das Räuchern – entziehen sich aller Regeln, Normen und Gesetze, führen vom Verstehen ins Fühlen und wirken auf der Herzensebene. Mach Dich neugierig und vertrauensvoll auf Deinen Weg, hör auf Deine innere

▶ Es gibt Dinge, die uns spirituell berühren und uns das Gefühl geben, mit den Segenskräften verbunden zu sein.

▲ Die reinigende und schützende Wirkkraft von Salbei entfaltet sich am schnellsten, wenn Du einfach ein getrocknetes Blatt anzündest und damit räucherst.

Stimme und wähle das passende Räucherwerk intuitiv, denn Deine Absicht für das Ritual ist wesentlicher als die Wahl des Duftes. Die feinstoffliche Welt versteht nur die Sprache des Herzens und auf Deiner Herzensebene wirst Du auch Deine Antworten bekommen, wenn Du genau hinhorchst.

EIN ORT FÜR DEINEN TÄGLICHEN RÜCKZUG

Wir brauchen täglich eine bestimmte Zeit und einen besonderen Ort, an dem wir ungestört abschalten und die Eindrücke des Tages reflektieren können, an dem wir unseren Gedanken und Gefühlen nachspüren, meditieren oder schreiben können. Wähle einen Platz, an dem Du ungestört bist – ein Zimmer, das Dir die Möglichkeit zu Rückzug und Besinnung gibt oder einen Ort in der Natur, im Garten, in Deiner Wohnung, an dem Du Dich sicher und geborgen fühlst.

Vielleicht bist Du in der glücklichen Lage, mehrere solcher Plätze für Dich zu haben, ein besonderes Zimmer oder einen stillen Platz draußen in der Natur. Zuhause kann das ein fester Platz in der Wohnung sein, den Du gestaltest: ein kleiner Tisch oder eine Fensterbank, wo all die Dinge Platz finden, die Dir wichtig sind – Steine, Kristalle, eine Kerze, Räucherwerk,

Die Stille Zeit im Jahreskreis

eine Duftlampe, Dein Tagebuch, Blumen, ein Musikinstrument vielleicht.

Dies ist ein heiliger Ort, der Dir als Refugium dient für Gebet, Meditation und die Zwiesprache mit Deiner Seele und Deinen für Dich wichtigen spirituellen Kräften. Wenn Du einen solchen Rückzugsort in Deinem Zuhause einrichtest, bekommen auch Meditation und spirituelle Übung einen festen Platz in Deinem Leben. Dieser Kraft- und Ritualplatz wird dann so selbstverständlich zu Deinem Leben gehören wie Tisch oder Bett. Um seine Bedeutung zu würdigen, kannst Du ihn als Deinen »Gebetsplatz«, »Ort der Ruhe und Kraft«, »Altarplatz« oder »Refugium« bezeichnen und ihn täglich der aktuellen Energie entsprechend schmücken.

Vielleicht hast Du ja schon einen Lieblingsort im Grünen gefunden, von dessen positiver Energie Du zehren kannst und der sich für Rituale und Meditationen eignet. Ansonsten mach Dich auf den Weg, um Deinen persönlichen Kraftort in der Nähe Deines Zuhauses zu finden. Vertrau auf Deine Intuition, Du wirst es spüren, wenn Du ihn vor Dir hast – Dein Platz wird Dich genauso finden, wie Du ihn.

JEDEN TAG ZEIT FÜR DICH SELBST

Finde heraus, wann der richtige Zeitpunkt für Dein Rückzugsritual ist, ob Du den frühen Morgen oder eher die Dunkelheit des Abends wählst. Gönn Dir ganz bewusst jeden Tag eine

ANLEITUNG

EIN TAGEBUCH FÜR DIE STILLE ZEIT

In unserem Kopf ist viel los — wir grübeln, machen uns Sorgen, stricken an Ideen, schmieden Pläne, die wir umsetzen wollen. Ein Tagebuch kann eine unerschöpfliche Quelle der Einsicht in Deine innere Welt sein, auch wenn Du anfangs einige Selbstdisziplin brauchst, um es regelmäßig zu führen. Wenn Du es zum täglichen Ritual werden lässt, Deine Gedanken, Sorgen, Freuden, Erkenntnisse von der Seele zu schreiben, wirst Du bald eine ganz andere Sicht auf diese Zeit gewinnen. Die Augenblicke des Schreibens lassen Dich aufmerksam einen Schritt zurücktreten und Dich fragen, wie es Dir geht, was Du fühlst.

Es müssen keine langen Geschichten sein, schreib einfach nur ein paar Sätze. Wichtig ist das feste Integrieren in Deine tägliche Routine. Gleichgültig, ob Du gleich morgens einen Traum einfängst, spontan untertags einen Geistesblitz festhältst oder ein schönes Abendritual daraus machst, es ist immer der perfekte Moment für Selbstfürsorge. Geh mit offenen Augen durch die Papiergeschäfte, Geschenkeläden und Buchhandlungen. Nimm Dir Zeit und lass Dich von Deinem Buch ansprechen. Nimm es in die Hand, schließ Deine Augen und streich mit Deinen Fingern über seinen Einband. Wenn es sich stimmig anfühlt, kauf es und leg es zu Hause an einen Ort, an dem Du es gut siehst, am besten an Deinen Kraftplatz.

Mach Dein Tagebuch zu Deinem ständigen Begleiter, der mitwandert, vom Nachtkästchen über die Couch bis zum Reisegepäck. Bald wirst Du merken, dass Du viel achtsamer durch den Tag gehst, dass es Dich gelassener und zutiefst zufrieden macht und Du viel bewusster lebst.

halbe Stunde und zieh Dich an Deinen heiligen Ort zurück, um abzuschalten, innerlich ruhig zu werden, Dich zu besinnen oder eine spirituelle Übung zu machen.

Sorg dafür, dass Du in dieser Zeit ungestört bist und gewöhn Dir einen wiederkehrenden Ablauf für Dein Ritual an. Leg Anfang und Ende dieser Rückzugsphase fest und verbring diese Zeit so achtsam und konzentriert wie möglich. Das Lüften des Raumes, das Anzünden einer Kerze, ein bestimmter Duft in der Duftlampe, eine Atemübung kann z. B. »Zeit für mich« bedeuten. Du kannst auch eine besondere Kleidung wählen. Komm vom Tun ins Sein, werde bewusst langsamer in Deinem Handeln. Damit schaffst Du einen heilsamen Raum, in dem Du neue Erfahrungen machen kannst, losgelöst von Deinem Alltag.

FÜR DICH ...

Der Herbst klopft an. Für viele von uns eine Zeit, in der wir uns zarter, nachdenklicher fühlen. Die Seele ruft, nach dem stürmischen

Zum Geleit

*Von Zeit zu Zeit verabrede ich mich
mit einem Menschen,
der mich immer wieder verwundern kann,
ja manchmal sogar richtig verzaubern!
Es gibt Tage, an denen er mich zum Grübeln bringt,
zum Zweifeln, zum Staunen,
ein anderes Mal zum Lachen
oder einfach nur zum Kopfschütteln.
Er erzählt mir von seinen Träumen,
von seinen Wünschen und Sorgen.
Manchmal überrascht er mich mit seiner Naivität
und verblüfft mich mit seiner Weisheit.
Bunt scheint er zu sein, schelmisch, schwermütig,
tiefgründig, frech und doch verträumt.
Habe ich genug von ihm,
schließe ich mein Tagebuch
und tauche wieder auf ins
Jetzt!*

Frühling und einem heißen Sommer, jetzt nach unserer Aufmerksamkeit. Mit diesem Buch möchte ich Dir Inspirationen schenken, damit Du ihre leisen Töne gut hören und einen klaren Zugang zu Deiner inneren Stille finden kannst. Ich bin mit offenen Augen und weitem Herzen hinausgegangen und habe für Dich besondere Momente fotografiert, Bilder festgehalten, die Dich inspirieren mögen. Und – ich habe immer kleine Texte, Lieder, Gedanken und Gedichte hineingewoben, als Wegzehrung für Deine Reise durch die Stille Zeit, damit Du innehalten und Deine Seele nähren kannst.

Denn …
*Poesie ist eine lebenswichtige Kraft.
Gedichte sind keine Worte,
sondern Feuer für die Kälte,
Seile für die Verlorenen,
etwas so Notwendiges wie Brot
in den Taschen der Hungrigen*
… schreibt Mary Oliver.

Poesie kann uns jenseits des ständig geschwätzigen Geistes in eine stille Stille führen. In dieser stillen Stille kann unser Herz nicht anders, als weich zu werden und sich zu öffnen. Von diesem verbundenen und empfänglichen Ort aus können wir lernen, die Welt mit anderen Augen zu sehen, auf eine Weise, die dient und nicht verletzt. Achtsame Poesie ist Medizin für eine Welt, die so dringend Heilung benötigt. Für mich fühlt es sich zumindest so an. Andere finden diese lebenswichtige Kraft vielleicht im Gebet, in Meditation oder Musik, in der Natur bei einsamen Spaziergängen, in Tanz oder Malerei. Wir finden sie, wenn wir ganz im Augenblick verbunden sind und der »Fluss von allem« durch uns pulsiert, wenn wir still werden und atmen, bis wir weicher werden, bis die Sonne in unserem Innersten aufgeht, atmen, bis wir eins mit allem sind – verbunden. Dann ist alles anders, obwohl sich nichts geändert hat.

Ich wünsche Dir wunder-volle, heilsame Erfahrungen mit den Kräften und Energien der Stillen Zeit. Mögest Du Dich von Deiner inneren Stimme führen lassen und Deinen eigenen Rhythmus finden. Mögest Du vertrauensvoll heimfinden in Dein Zentrum, um dort Deinen innersten Wesenskern zu finden und die göttliche Kraft, die Dich mit allem verbindet, um danach gestärkt den Neubeginn zu wagen!

Herz zu Herz,
Dir nahe!

Die Zwischen-räume sind der wahre Zauber.
Das sind die magischen Momente zwischendurch,
fast unbemerkt.
Das sind die Lücken zwischen den Gedanken.
Das sind die Atemräume
zum Wieder-zu-sich-finden.
Das Gleiten zwischen Sein und Nichts.
Das schlichte Weiß zwischen all der bunten Vielfalt des Alltags.
Der tiefblaue Himmel zwischen den Zweigen.
Die Wolken, die vorüberziehen.
Der stille Augen-blick zwischen heute und morgen.
Zwischen eben und gleich.
Zwischen tun und sein.
Also ganz einfach
das JETZT!

Herbst –
Zeit der Ernte

Langsamer, achtsamer, stiller werden,
Zeit nehmen für unsere inneren Welten
hineinhorchen in unser Innerstes
und das Wesen der Dinge berühren,
zurückblicken, abwägen, ausklingen lassen,
in uns und um uns herum Ordnung schaffen,
hingeben dem goldenen Licht.

Fülle und Dankbarkeit leben

Glasklar ist der Himmel, darunter ein zarter Schleier, der sich über Wiesen und Felder legt. Der Hochsommer ist nun zu Ende, es ist spürbar, dass sich etwas verändert.
Zum August gehörte das Gefühl der Unsterblichkeit, denn die Sonne stand in ihrer stärksten Kraft und die Vergänglichkeit war noch nicht zu spüren. Nun geht der September zu Ende, das Licht wird schon deutlich weniger und der Herbst kündigt sich an. Es ist ein abgeklärtes Nachklingen und Prüfen, alles was dem Fortbestand der Natur dient, bleibt erhalten.
An kühlen Morgen legt sich schon Nebel über die Wiesen, Wind und Regen ziehen immer

Fülle und Dankbarkeit leben

wieder übers Land. An schönen Tagen kann die Sonne noch gut wärmen, ihr Strahlen hat sich aber von einem hellen Leuchten in einen warmen goldenen Glanz verwandelt. Das Blattgrün ist müde geworden und weicht allmählich einem Rötlich-Gelb und Grünlich-Braun. Jeder Baum scheint seine eigene Farbpalette auszuspielen, um seinen Blättern für ihren letzten Tanz ein buntes Kleid zu schenken.

Laut zwitschernd sammeln sich die Zugvögel in den hohen Baumkronen, sie sind bereit für die große Reise in den Süden. Säugetiere legen sich eine wärmende Fettschicht unter ihrem dicken Pelz zu, um für den Winter gewappnet zu sein. In den Bergen wird das Vieh von den Almen getrieben, mit Blumen und Kräutern reich geschmückt, als Zeichen der Dankbarkeit für einen guten Sommer. Geschenkte Tage, geschenkte Stunden – hinaufschauen in das Blau und die Gedanken Drachen steigen lassen, hinein in den Himmel, jetzt unseren Träumen Raum schenken.

Fülle, wohin das Auge reicht! Schwer und saftig hängen reife Äpfel, Birnen und Pflaumen an den Bäumen, umschwirrt von Wespen, die sich an den süßen Früchten gütlich tun. Es ist Erntezeit, in der die »Spreu vom Weizen getrennt« wird. Auf den Feldern wird das letzte Korn eingefahren, Obst, Feldfrüchte, Nüsse und Trauben werden geerntet. Beim Wandern durch Wälder und Auen und vorbei an Hecken schenken sich uns Eberesche, Quitte, Brombeere und Hagebutte. Wir holen uns Wildfrüchtekraft nach Hause, um im Winter gut versorgt zu sein, kochen Saft und Marmelade aus dunkelvioletten Holunderbeeren und leuchtend orangefarbenem Sanddorn. Einige der Wildfrüchte legen wir zum Trocknen beiseite. Im Winter werden sie beim Räuchern besonders fruchtigen Duft verbreiten. In den Bergen finden wir noch Preiselbeeren, Wacholder und die letzten Pilze.

Man kann den Herbst deutlich riechen, er duftet nach welkem Laub, Erde, Stroh und würzigen Pilzen.

Vorräte werden nun angelegt, Holz für das Kaminfeuer aufgestapelt, es wird aufgeräumt, gesammelt und verarbeitet, man bereitet sich auf die kommende Jahreszeit vor. Laub wird zusammengerecht, verwelkte Blüten und dürre Zweige werden abgeschnitten und Ordnung geschaffen. So mancher Gärtner pflückt sorgfältig die Samenstände alter Sorten ab und verwahrt sie für die Aussaat im nächsten Frühjahr. Einige Sonnenblumen und Früchte bleiben als Futter für die Vögel zurück. Räucherliebhaber graben jetzt die Wurzeln von Baldrian und Meisterwurz aus, sammeln Eschensamen und trocknen Vogelbeeren für ihren Räuchervorrat. Nach der Ernte ziehen die Pflanzen ihren Saft ein, die oberen Teile sterben ab. Wenn wir genau hinschauen, wird uns bewusst, dass es kein grausamer Tod ist, sondern viel mehr ein Wandel – die Kräfte der Pflanzenwelt kehren in die Erde zurück. Die Vielfalt der Samen ist in braunen Hüllen gut gerüstet, um die kalte Jahreszeit zu überstehen und auch die Knospen für den Neubeginn sind bereits vor der Winterruhe angelegt. Unter der Erde schlummert ein großes Kraftpotenzial, das uns im neuen Jahr wieder auf´s Neue staunen lässt. Wie tröstlich!

> *Nimm eine Handvoll*
> *Sommer in den Herbst hinein,*
> *um von den Früchten der Erinnerung zu zehren*
> *und von den langen Tagen,*
> *blau vor Sonnenschein,*
> *die jäh entschwunden sind*
> *und nicht mehr wiederkehren.*
> *– Friedrich Tschudi –*

Abschied nehmen vom Sommer

Das Herbstäquinoktium wird um den 22. September gefeiert, es ist ein Fest, das sich nach dem Sonnenstand richtet, Tag und Nacht sind wieder gleich lang, sie halten sich die Waage. Nun beginnt der Siegeszug der Nacht über den Tag, denn die Nächte werden spürbar länger, die Tage kürzer. Mit den bildhaften Worten der Mythologie gesprochen tritt nun die Sonne durch die Pforte des Todes ins Schattenreich, sie steigt hinab in die Unterwelt. Hinab ins Reich von Pluto/Hades zu den Drachen und Eisriesen, deren Macht über sie bis zur Wintersonnenwende zunimmt.

Es ist ein stiller Augenblick, in dem alle Kräfte miteinander in einem vollkommenen Gleichgewicht stehen. Das pflanzliche Leben beginnt zu welken, aus Blüten werden Früchte und Samenkörner, die absteigende Sonne lässt reifen. Anders als im Frühling wird die Natur auch jetzt noch einmal bunt, diesmal sind es nicht die Blüten, sondern die Früchte, die uns reich beschenken. Noch spendet sie uns warmes Licht und die Intensität eines letzten Aufleuchtens, wenn sich so manch spät erblühte Blume zeigt. Es ist ein Blühen gegen die Zeit, ein letztes Aufglänzen vor den kühleren Tagen.

▲ Eine letzte Rose, ein letztes Geschenk in der Energie der kraftvollsten Farbe. Wer hätte sie je bemerkt unter all den Rosen des Sommers?

ANLEITUNG

KLEINES SCHWELLENFEST FÜR DEINE »VIER WÄNDE«

Achte heute besonders auf die Schwellen in Deinem Heim. Mach Dir bewusst, dass Dein Nach-Hause-Kommen an der Eingangstüre beginnt. Wie wirst Du an dieser Schwelle begrüßt? Spür hin, ob es sich herzlich und offen für Dich anfühlt oder eng und kühl. Beobachte dann auch Deine Gefühle bei den anderen Schwellen und Türen in Deinem Zuhause.

Nutz den heutigen Tag Deine Türen und Schwellen zu reinigen oder von unnötigem Ballast zu befreien, damit Leichtigkeit einziehen kann. Einige Tropfen Wacholderöl im Wischwasser unterstützen die Reinigung.

Danach nimm Dir Zeit für ein kleines Räucherritual und leg dabei Deinen Fokus auf den Schutz, den Dein Heim Dir schenkt. Bereite Dein Ritual in der gefühlten Mitte Deiner Wohnung vor, indem Du dort eine Kerze anzündest. Komm zur Ruhe und richte Dich in Deiner inneren Mitte aus. Wenn Du möchtest, sprich ein stilles Gebet und bitte um Schutz und Geleit für Dein Ritual. Entzünde nun die Kohle und leg Dein ausgewähltes Räucherwerk auf. Beginn bei der Eingangstüre als Schwelle zwischen Innen und Außen, widme Dich ihr mit Deiner ganzen Aufmerksamkeit, denn sie ist eine wichtige Grenze, die vieles zurückhält, was nicht in Deinen Wohnraum gelangen soll.

Bitte sie nun um Schutz und Wärme für die kommende Jahreshälfte. Lass Dich dann von Deiner inneren Stimme führen und sei achtsam, welcher Bereich Deines Heimes besondere Aufmerksamkeit braucht. Fächle oder blase dabei den aufsteigenden Rauch sanft in den Raum. Wenn Du das Gefühl hast, dass die Energien Deiner Vier Wände mit Dir im Einklang sind, beende Dein Räucherritual und finde dort ein Ende, wo es begonnen hat.

Danke aus ganzem Herzen für Schutz und Segen, den Dein Zuhause Dir schenkt. Mit dem Ausblasen der Kerze kehrst Du ganz bewusst wieder in Deinen Alltag zurück. Lüfte nun alle Räume gut und beachte, dass Rituale eine tiefe Wirkung haben können. Gönn Dir deshalb noch etwas Zeit zur Ruhe und geh achtsam mit Dir um. Mag sein, dass Du die Auswirkungen dieses Rituals auf seelischer oder körperlicher Ebene spürst. Sei dankbar für alle heilsamen Erfahrungen.

Zur Herbst-Tagundnachtgleiche wird uns die große und unaufhaltsame Vergänglichkeit so richtig bewusst, die Gesetzmäßigkeiten des Lebens, die besagen, dass alles zur rechten Zeit geschieht. Alles hat seine Zeit – jetzt gilt es dankbar Abschied zu nehmen, jetzt gilt es loszulassen und geschehen zu lassen, was geschehen will und muss. Das Jahresrad dreht sich weiter, es sind Tage des ersten Abschieds, wir bewegen uns in die dunkle Jahreshälfte. Langsamer, stiller werden, sich Zeit nehmen für die inneren Welten, hineinhorchen in unser Innerstes, in uns und um uns herum Ordnung schaffen.

Die Tagundnachtgleiche des Herbstes und auch des Frühlings sind Schwellenfeste, wir befinden uns jeweils an der Schwelle zu einem neuen Zeitraum. Jede Schwelle lässt etwas Vergangenes abschließen und öffnet Raum für Neues, sei es zeitlich oder räumlich. Darum ist es jetzt an der Zeit, unser Zuhause, unsere Räume, liebevoll für die dunkle Jahreshälfte vorzubereiten.

Am 29. September ist Michaelitag, der große christliche Festtag des Erzengels Michael. Er trägt Schwert und Rüstung und ist Ritter im Kampf gegen den Drachen, also gegen den Winter. Als Anführer der himmlischen Heerscharen kämpft er gegen die Mächte der Dunkelheit, der Unterwelt. Früher war der Michaelitag von großer Bedeutung, denn er galt als Stichtag für Zins-, Miet- und Pachtzahlungen. Für die Bauern ist der 29. September ein wichtiger Wendetag im Jahr, der mit Dank, Ehrung und Segen der Ernte verbunden ist. Mit Michaeli wird das Ende einer arbeitsreichen Zeit gefeiert, die letzte Mahd ist getan, die Ernte eingebracht und das reich geschmückte Vieh ist von der Alm heimgekehrt. Nun beginnt die Winterarbeit.

*Gibt Michaeli Sonnenschein,
wird in zwei Wochen Winter sein.
– Bauernregel im September –*

Der Volksmund sagt »Da Michl zündet 's Liacht an«. Diese alte Redewendung verweist darauf, dass nun bis Lichtmess am Abend bei Kerzenschein und Kienspanlicht gearbeitet wurde, da das natürliche Licht nach dem 29. September nicht mehr ausreicht. Die Arbeit ging leichter von der Hand, wenn die Großeltern Geschichten von früher erzählten oder gemeinsam Lieder gesungen wurden.

Heute noch gibt es in Deutschland, Österreich und der Schweiz rund um den Michaelistag zahlreiche, auf alte Bräuche zurückgehende Kirchweihfeste und Jahrmärkte mit Tanz.

Die Sonne tritt nun in das Waagezeichen ein, an diesem wichtigen Wendepunkt wird Rückschau und Gericht gehalten, denn Ausgleich und Gerechtigkeit ist das Wesen des Waagezeichens. So trägt Michael oft auch als Symbol die Waage in der Hand, als Repräsentant des harmonischen Ausgleichs zwischen Himmel und Erde und der kosmischen Gerechtigkeit.

Germanen und Griechen, Juden und Inder haben sich das jährliche Weltgericht am Tag des

schwingen mit dem Transparentwerden der Natur für das Ewige, dann wird auch unsere Seele von Harmonie und Frieden erfüllt sein.

Das Symbolzeichen der Waage kann sowohl als Waagebalken betrachtet werden als auch als Darstellung der Sonne, die am Horizont stillsteht, bevor sie hinabsteigt in die Dunkelheit. Wir können den oberen Bogen als Eingang zur Unterwelt betrachten, in der unbekannte Wesen wohnen, vor denen wir uns zumeist fürchten. Sie bewachen unsere innersten Schätze.
Jetzt haben wir die Chance, bewusst in diese dunklen Bereiche vorzudringen, den stillen Wendepunkt zu nutzen, um uns achtsam und liebevoll auf den Weg zu unseren Ressourcen zu machen. Das Einlassen auf diese dunklen und machtvollen Gefühle lässt sie sich allmählich wandeln und schenkt uns letztlich Hoffnung auf die Wiederkehr des Lebens im Frühjahr. Tun wir es in dem Bewusstsein, dass die Dunkelheit sich wie ein schützender Mantel um uns legt und dass es ohne Dunkelheit kein Wachstum gibt!
Astrologisch ist jetzt die Zeit der Waage-Venus, deren Themen Frieden und Balance sind. Sommerwärme und Winterkühle durchdringen einander in wundervoller Harmonie. Die Liebesgöttin Venus/Aphrodite ist hier nicht

Herbstäquinoktiums vorgestellt. Wo michaelische Geistigkeit lebendig wird, wird die Schöpfung wieder heil und von neuem transparent für die ewigen Urbilder. Der Mensch entscheidet in dieser Phase, wohin er sich wendet und ausrichtet. Wenn wir innerlich lebendig mit-

die sinnlich genießerische erdige »Venus pandemia« des Wonnemonats Mai, sondern die luftige, himmlische »Venus urania«. Kultivierte Harmonie und Aussöhnung, Diplomatie, Sinn für künstlerische Schönheit, Eleganz und Sinnlichkeit sind ihre Gaben. Sie liebt schönes Ambiente, Kultur und Musik, die Verlockung und das süße Spiel der Anziehung. Sie lehrt uns, unseren eigenen Begriff von Schönheit zu entwickeln und kann uns unseren inneren Frieden schenken. Das schwebende Gleichgewicht, göttlicher Einklang in allen Sphären ist ihr Element. Ihr größtes Geschenk aber ist die Liebe, diese mächtige Kraft, die alles in Harmonie bringt und uns zutiefst berührt, so dass wir ganz still werden.

Auf der Körperebene gehören die Nieren zum Waage-Venus-Prinzip, weil sie das Säure-Basen-Gleichgewicht im Körper vermitteln und damit die Balance zwischen weiblichen und männlichen Kräften. So ist auch Partnerschaft ein Venusthema. Die Haut als Kontaktorgan gehört ebenfalls hierher. Während bei Saturn die abgrenzende Funktion der Haut im Vordergrund steht, geht es hier um die Berührung und die Reaktion darauf, z. B. mit Allergien.

ANLEITUNG

FRÜCHTETEE SELBST GEMACHT

Sammle jetzt warme Sonnenstrahlen für Deine Seele und Deine Sinne, die Dich durch die kalte, dunkle Zeit des Jahres begleiten können – leg einen Vorrat an mit all den Früchten und Beeren, die die Farben, Aromen und Kräfte des Sommers in sich tragen!

Geh in Deinen Garten, auf den Markt oder in den Bio-Laden und lass Dich inspirieren vom Angebot der Natur. Rieche, spür und schmecke, welche Aromen Du später in der Tasse haben möchtest. Wähle aus Äpfeln, Brombeeren, Himbeeren, Hagebutten, Quitten, Sanddorn, Holunder, Granatapfel, Orangen oder Zitronen Deine Lieblingsfrüchte. Besonders die Zitrusfrüchte sollten unbedingt ungespritzt sein, da von ihnen nur die Schale verwendet wird.

Jetzt gilt es diese haltbar zu machen, indem Du sie trocknest. Das geht ganz einfach im Backofen oder in einem Dörrgerät. Wasche und trockne die Früchte, bevor Du sie klein schneidest. Äpfel kannst Du in Ringe geschnitten auch auf einer Schnur trocknen lassen. Von den Zitrusfrüchten verwendest Du nur die Schalen, Hagebutten musst Du halbieren und entkernen, trag dazu unbedingt Handschuhe, denn die kleinen Kerne jucken. Achte darauf, alle Früchte bzw. Schalen sehr klein zu schneiden, damit sie gut durchtrocknen können.

Wenn Du kein Dörrgerät hast, heize den Backofen auf 50° Celsius vor, leg Backpapier auf ein Blech und verteile die kleingeschnittenen Früchte darauf. Lass nun die Stückchen ca. 6–8 Stunden lange trocknen. Klemme währenddessen einen Holzkochlöffel in die Ofentür, damit die Feuchtigkeit entweichen kann.

Es macht viel Freude, seinen eigenen Lieblingstee zu mischen und mit den Zutaten zu experimentieren. Soll der Tee würzig, beerig oder wärmend schmecken? Welche Frucht sollte den Ton angeben? Wenn Du

möchtest, kannst Du Deine Mischung mit Blüten, Kräutern und Gewürzen noch veredeln. Kräuter wie Pfefferminze, Melisse oder Thymian ergänzen mit ihren heilenden Wirkstoffen, Chili und Ingwer wirken wärmend, Zimt und Nelken stimmen weihnachtlich. Getrocknete Blüten von Rosen oder Hibiskus schmücken Deine Fruchtsinfonie zusätzlich.

Vielleicht spürst Du dabei auch noch einmal dem Sommer nach, der diese köstlich fruchtigen Gaben hervorbrachte. Dann verwahre Deinen Tee am besten trocken, kühl und dunkel in braunen Schraubgläsern oder Teedosen und lass Dich im Winter von den Sommergaben beschenken – heiß, bunt und köstlich!

Mein Tipp: Die getrockneten Fruchtsorten einzeln in kleine Säckchen hübsch verpackt und in einer schönen Schachtel überreicht, sind ein wundervolles Geschenk. So kann sich der Empfänger seine eigene Komposition selbst mischen.

Goldene Momente atmen

Wir sind im Oktober angelangt. Die Sonne scheint nun merklich kürzer als in den vergangenen Wochen, es ist noch einmal ein Augenblick des Innehaltens – weder die Hitze des Sommers ist mehr zu spüren noch die Kälte des Winters und doch liegt von beiden etwas in der Luft. An schönen Tagen zeigt der goldene Herbst sein warmes Licht und verbreitet eine Atmosphäre von Ruhe und Harmonie, die Kräfte halten sich das Gleichgewicht. Die Natur erweist sich als Künstlerin, welch leuchtende Pracht zeigt sich uns! Nie schenkt der Garten eine solche Fülle an bunten Blumen wie jetzt, wo Sommer- und Herbstblumen einander begegnen. Die Wälder leuchten im flammenden Schmuck gelber, roter und goldener Farben. In den Baumwipfeln treffen sich die Vögel zu einem letzten Konzert, bevor sie in großen Schwärmen in den Süden fliegen. Der Wein, Kastanien und die letzten sonnenreifen Früchte werden geerntet und die Blumenzwiebeln für den nächsten Frühling in die Erde gelegt, was noch nicht geerntet ist, kann in der milden Herbstsonne ausreifen.

Die Essenz im Herbst ist eine andere als im Frühling, wo die Schönheit erst im Begriff ist zu erwachen. Im Goldenen Oktober können wir die gesamte Schöpfung in ihrer vollen Entfaltung wahrnehmen.

Der Himmel macht einen Moment Pause und hält inne, es ist die Zeit der Wende, denn mit der Herbst-Tagundnachtgleiche begann die zweite Hälfte des Sonnenjahres, der Winterrhythmus. Es ist jetzt gut zu spüren, dass der Höhepunkt des Jahres überschritten ist. Eine gewisse Wehmut liegt in der Luft und die Stimmung des Abschiednehmens und Scheidens. So genießen wir jetzt noch einmal ganz bewusst die bunten Farben, Licht und Wärme der milden Sonne in dem Wissen um die bevorstehende lange Zeit der Dunkelheit und Kälte.

*Erinnern heißt zurückschauen,
das Bild im Herzen betten
und in Liebe weitergehen.*

▲ Es ist Zeit innezuhalten, Danke zu sagen und die Ernte zu feiern.

ERNTESEGEN TEILEN

Am ersten Sonntag im Oktober wird traditionell Erntedank gefeiert. Die Erntezeit ist eine Zeit der Feste. Wir feiern nicht nur das Erntegut, sondern auch die Schönheit, die in seiner Reife liegt. Achtsamkeit lehrt uns zu schätzen, was wir haben, statt zu beklagen, was verloren ist.

Erntefeste gehören zu den ältesten Festen der Menschheit, es gab sie schon bei den Kelten und Germanen und natürlich sind unsere Bauern auch heute noch voll Dankbarkeit für eine gute Ernte. So wird in ländlichen Gegenden in jedem Ort das Erntedankfest in der Kirche gefeiert. Dafür wird eine Erntekrone aus Getreide gebunden und ein besonderer Altar gerichtet, um Gott die Feldfrüchte darzubieten.

Lediglich in den großen Städten ist diese Tradition leider so gut wie verlorengegangen. Ist doch dieses Fest besonders für unsere innere Haltung wichtig, ein Anlass uns wieder bewusst zu werden, dass »unser täglich Brot« alles andere als selbstverständlich ist. Erntedank ist die bewusste Würdigung des Lebens, der Fülle und der Nahrung, ein Augenblick des dankbaren Innehaltens und Zurückblickens. Jetzt ist eine gute Zeit, Bilanz zu ziehen und den imaginären Erntekorb dankbar mit unserer ganz persönlichen Ernte des Jahres zu füllen. Wir haben Gefühle, Gedanken und Taten gesät und haben geerntet, was wir ausgebracht und gepflegt haben. Wenn wir dem Rhythmus der Natur achtsam gefolgt sind, sind unsere Vorratskammern nun gut gefüllt. Jetzt ist die Zeit gekommen, uns dieses Zusammenhanges gewahr zu werden.

ICH BIN DANKBAR

»Wenn das einzige Gebet, das Du in Deinem ganzen Leben sprichst, »Danke« lautete, dann wäre es genug,« schreibt Meister Eckhart. Lass es zu einem täglichen Ritual werden, Augenblicke der Dankbarkeit zu sammeln. Geh mit wachen Augen und offenem Herzen durch die Welt und nimm die vielen kleinen Geschenke wahr, die Dir jeden Tag gegeben werden. Überleg am besten abends, wofür Du dankbar bist und schreib mindestens fünf Dinge, besondere Begegnungen oder wohltuende Situationen auf, für die Du von Herzen danken kannst. Vergiss dabei nicht, Dir selbst hin und wieder zu danken!

Verwende dazu bunte Zettel oder leg Dir ein Dankbarkeitstagebuch zu, dort kannst Du auch Fotos einkleben oder etwas hineinzeichnen. Wenn Du dieses Ritual regelmäßig machst, entwickelst Du ein Gespür für die vielen Gelegenheiten, in denen Du dankbar sein kannst. Bald wirst du merken, dass Du viel achtsamer durch den Tag gehst und es werden so Freude und Wertschätzung für die vielen Kostbarkeiten unseres Seins in Dein Leben fließen.

Nimm den Gedanken »Ich bin dankbar ...« als stärkendes und öffnendes Mantra mit in Deinen Tag:

– Ich bin dankbar für mein warmes Zuhause.
– Ich bin dankbar für meinen wundervollen Körper.
– Ich bin dankbar, dass ich eine Arbeit habe, die mich nährt und ernährt.
– Ich bin dankbar...

Idealerweise findest Du mehrmals am Tag einen Grund, dankbar zu sein – wenn Du mit anderen Menschen zusammen bist, sprich es ruhig laut aus und schau, was geschieht.

Dankbarkeit ist das Gedächtnis des Herzens.
– Jean-Baptiste Massillon –

ÜBUNG

FRAGEN ZUR ZEITQUALITÄT

Setz Dich in Ruhe hin, zünde eine Kerze an, schließ Deine Augen und lass Revue passieren, was Du zu Beginn dieses Jahres an Wünschen und Visionen hattest, wie Deine Pläne ausgesehen haben. Ist es so geworden, wie Du es Dir gewünscht hast oder ist etwas ganz anderes dabei herausgekommen? Dann öffne Deine Augen und tauche intuitiv in diese Fragen ein:

Ich ernte, was ich gesät habe. Gehe ich achtsam mit Fülle und Segen in meinem Leben um?

Was lässt mich lächeln, wenn ich an die vergangenen Monate denke?

Welche besonderen Menschen oder Tiere bereichern mein Leben, welch neuen Fähigkeiten habe ich erlernt?

Welche Herausforderungen habe ich gemeistert? Worauf kann ich besonders stolz sein?

Wofür bin ich von Herzen dankbar?

Mach Dir Notizen zu Deinen Gefühlen, Gedanken und Erinnerungen. Jetzt ist ein guter Zeitpunkt mit einer »Danke-Sammlung« zu beginnen, die Dich durch die stille Zeit begleitet.

Goldene Momente atmen

> **ANLEITUNG**

DEIN FREUND, DER BAUM

Die Natur lehrt uns, dass das Leben aus einem ständigen Veränderungsprozess besteht. Wir haben die Wahl, uns mit dem immerwährenden Wandel anzufreunden oder ihn zu beklagen. Wenn uns alle Jahreszeiten willkommen sind, sind wir offen für große und kleine Geschenke.

Mach bei Gelegenheit alleine einen Spaziergang im Park oder durch den herbstlichen Wald. Wähle intuitiv einen Baum aus und schenk Dir genügend Zeit, um ihn zu betrachten. Durch das Schauen, das innere Sehen, das sich dabei unwillkürlich einstellt, nimmst Du die Lebenskraft des Baumes wahr. Diese aus dem Zen inspirierte Achtsamkeitsmeditation ist ganz einfach.

Achte darauf, dass Dein Mobiltelefon ausgeschaltet ist und Du ganz bei Dir sein kannst. Komm beim Gehen mit Deiner Aufmerksamkeit vom Kopf in Dein Herz, atme entspannt ein und aus und nimm wahr, wie Deine Füße die Erde berühren. Schlendre langsam, ruhig und ziellos vor Dich hin.

Halt zwischen den Stämmen immer wieder inne und zentriere Dich bewusst in Deiner Mitte. Du kannst dabei ab und zu Deine Augen schließen, lauschen und den erdigen Duft wahrnehmen. Dann lass Dich von Deiner Intuition zu einem Baum führen.

Nähere Dich dem Baum Schritt für Schritt und spür dabei bewusst die Grenze, an der sein Raum beginnt. Schick Deinem Baum einen Herzensgruß (Tiere und Pflanzen können ihn verstehen) und warte auf seine Erlaubnis näher zu treten.

Finde die passende Art der Kontaktaufnahme: Vielleicht magst Du ihm Deine Hände auflegen und seine Rinde spüren? Oder Dich an seinen Stamm lehnen und ihn umarmen?

Schließ nun Deine Augen und spür Dich selbst als Teil der Natur. Lass die Sonnenstrahlen Deinen Kopf frei machen wie eine leere Leinwand. Lass den Wind Dein Haar, Dein Gesicht liebkosen und lass zu, dass Dein Herz sich weit öffnen kann.

Atme bewusst und sanft in Deinen Bauch hinein und spür dabei die Dehnung beim Einatmen und das Leerwerden beim Ausatmen. Atme ganz ruhig gemeinsam mit Deinem Baum, spür die Verbindung und lass Dich in die Stille gleiten. Du kannst nun Ruhe und neue Kraft tanken unter Deinem Baum.

Welche Gedanken, welche Bilder steigen auf, welche Gefühle? Bleib ganz bei Dir und gleichzeitig offen für die Schönheit dieses Lebewesens. Warte ohne etwas zu er-warten und lass zu, dass sich Deine inneren Sinne aktivieren, Deine Hellhörigkeit, Deine Hellsichtigkeit, Deine Fühligkeit.

Mag sein, dass Fragen auftauchen, dann nimm Dir Zeit, die Antwort zu empfangen, ein inneres Bild, einen Ton oder Duft, einen Gedanken. Nimm das Geschenk in Deinem Herzen mit, vielleicht magst Du es zu Hause zeichnen oder aufschreiben.

Deine innere Stimme wird Dir sagen, wann es Zeit ist, das »Gespräch« zu beenden und Abschied zu nehmen. Dann bedank Dich, atme noch einmal tief die Energie Deines Baumes ein, mit dem Ausatmen öffne Deine Augen und komm mit Deiner Aufmerksamkeit wieder ganz bei Dir selbst an.

Du kannst Deinen Baum nun das ganze Jahr über besuchen, ihn zu allen Jahreszeiten erleben und seine Veränderungen wahrnehmen. Beobachte auch, ob sich seine Umgebung ändert, ob Du Tierspuren siehst, welche Vögel er beherbergt. Fotografiere ihn und stell ein Foto bei Dir zu Hause auf. Bring ihm ein Geschenk mit – einen schönen Stein, ein buntes Band, ein Haar von Dir – und schau, ob sich auch Deine Beziehung zu ihm verändert? Vielleicht freust Du Dich schon auf das nächste Wiedersehen?

*Es ist, als ob jeder Baum auf
dem Lande zu mir spräche:
»Heilig, heilig!«
– Ludwig van Beethoven –*

HEIMISCHEN WALDWEIH-RAUCH SAMMELN

Als »Waldweihrauch« werden die getrockneten Harze heimischer Nadelbäume wie Fichte, Kiefer, Tanne, Lärche oder auch vom Wacholder bezeichnet. Er ist unverwechselbar würzig mit einer kräftigen Note und wurde von unseren Ahnen als »Gold des Waldes« bezeichnet. Harz tritt an Bäumen immer an Stellen aus, wo diese verletzt wurden. Aus frischen Baumwunden fließt flüssiges, klebriges Harz. Wenn Du Harze zum Räuchern sammelst, sollten diese auch richtig »reif« sein, das bedeutet, schon eine gewisse Härte haben. Es klebt nicht mehr so stark und lässt sich mit einem Holz leicht von der Rinde brechen. Oftmals ist es allerdings ausreichend, das Harz mit den Fingern sanft vom Baum zu lösen.

Nimm nur so viel ab, dass noch genügend Harz übrigbleibt, um die Wunde verschlossen zu halten – sammle lieber kleine Mengen von mehreren Bäumen. Du kannst auch kleine Harzperlen von Zapfen nehmen. Sollten manche Stücke noch nicht vollständig trocken sein, kannst Du diese zu Hause zerkleinern und auf einem Blatt Papier zum Trocknen auflegen. Füll sie danach in ein Glas und verschließ dieses mit einem Stück Stoff, damit das Harz atmen kann.

Dieses heilige Harz verströmt einen waldigen, heimeligen Duft, der behütend und heilend wirkt. Deshalb ist er ein typischer Weihnachts- und Raunächteduft.

> *Bäume sind Heiligtümer.*
> *Wer mit ihnen zu sprechen,*
> *wer ihnen zuzuhören weiß,*
> *der erfährt die Wahrheit.*
> *Sie predigen nicht Lehren und Rezepte,*
> *sie predigen,*
> *um das Einzelne unbekümmert,*
> *das Urgesetz des Lebens.*
>
> – Hermann Hesse –

Vor dem Verräuchern kannst Du das Harz in einem Mörser oder mit einer Reibe zerkleinern. Ein paar kleine Körner reichen aus, um den warmen Duft des Waldes in Deiner Erinnerung aufsteigen zu lassen.

In unserer Heimat wachsen viele kraftvolle Pflanzen, die uns Harze, Rinden, Wurzeln und Nadeln schenken oder mit ihren Blättern, Blüten und Samen wohltuende Wirkung auf unsere Seele und unseren Körper haben. Vielen von ihnen begegnen wir bei einem einfachen Spaziergang, deshalb sollten wir immer ein Säckchen in der Tasche haben.

Ab und zu ein Mensch.
Ab und zu ein letztes Blatt,
das herniederschwebt.
– Haiku –

November – Zeit der Transformation

In der Herbstmitte werden die Tage grau, nasskalt und immer kürzer – der November ist ins Land gezogen.

Nun ist es nicht mehr zu übersehen, das Sterben hat alle Pflanzen erfasst. Die Herbststürme haben das letzte Laub von den Bäumen gerissen, die jetzt kahl und leer wie Totengerippe am Wege stehen. Diese Zeit ist leidenschaftlich und total, es ist eine markante Phase der Verwandlung der Kräfte. Konnten wir uns im Goldenen Oktober noch eine Ruhepause gönnen im Gleichgewicht der Kräfte zwischen Sommer und Winter, wird nun diese Harmonie zerstört.

Die Schatten wachsen, das Licht wird untertauchen. Bildlich gesprochen verlässt die Sonne die »Oberwelt« und zieht das pflanzliche Leben für die nächsten fünf Monate mit sich in die Tiefe. Nun überwiegt die Nacht, an manchen Tagen wird es gar nicht richtig hell, Nebel steigen und alles Licht schwindet in einem trostlosen, melancholischen Grau dahin. Der Schleier der Dunkelheit versucht Schwermut zu verbreiten, Krähen fliegen laut krächzend über die Dächer. Manchmal herrscht ahnungsvolle, düstere Stille.

Es ist die Zeit der Besinnung, für Rückzug und Ruhe. Die Natur lädt uns ein, es ihr gleich zu tun, dem Bedürfnis nach Zurückgezogenheit nachzugeben, unseren äußeren Blick zu ent-

spannen und auf Reisen nach innen zu gehen. Die heilkräftigen Kräuter und Tees, die wir in Vorratsgläser gefüllt haben und die selbst gesammelten Räuchermischungen warten darauf, uns jetzt zu unterstützen.

Die Novemberstürme, die das sterbende Laub mit sich nehmen, bringen eine radikale Veränderung mit sich, die uns bewusst macht, dass es keine Umkehr gibt. Die Blätter fallen, ob sie wollen oder nicht, es sind die Todeskräfte, die das Leben in der Natur erlöschen lassen. Auf der Erde fault das abgefallene Laub und nährt dadurch den Boden, bildet Humus für neues Wachstum. Im Inneren der Erde ist bereits der Same für das nächste Jahr angelegt und hinter den fallenden Blättern sind schon die Knospen des kommenden Frühlings. Das Alte muss gehen, damit Neues entstehen kann. Dieser immer wiederkehrende Zyklus aus »Stirb und Werde« ist unausweichlich. Ein Symbol dafür ist Phönix, der Vogel, der verbrennt und aus der eigenen Asche wieder geboren erlöst zum Himmel aufsteigt.

Durch die Beobachtung der Natur kommen wir in Kontakt mit unserem Inneren, werden uns unserer eigenen Vergänglichkeit gewahr, beschäftigen uns bewusster mit Abschiednehmen und Loslassen. In dieser Zeit wird noch intensiver spürbar, dass der Tod zum Leben gehört, er ist nur die andere Seite der Medaille.

◂ Totenbretter sind, so wie Wegkreuze, Flurdenkmäler, die zum Gebet für die Toten aufrufen.

ALLE HEILIGEN UND SAMHAIN

In allen Kulturen und seit Menschengedenken gehört die Ehrung der Vorfahren zu einem wichtigen Teil des Lebens. Der November hat im christlichen Jahreskreis viele Gedenk- und Feiertage. Die Feste, die zu dieser Zeit gefeiert werden, haben alle auf den ersten Blick etwas Düsteres – wir gedenken der Toten.

Um Allerseelen kalt und klar,
macht auf Weihnacht alles starr.
– Bauernregel im November –

1. November, »Allerheiligentag«, gefolgt von »Allerseelen«, gewidmet dem Gedenken an alle Verstorbenen, sind Friedhofstage. Beide Feiertage waren bereits im alten römischen Kalender festgesetzt. Im Jahre 610 begründete Papst Bonifatius IV. Allerheiligen als das Fest, an dem aller Heiligen gedacht wird – nicht nur derer, die für ihren Glauben gelitten haben, sondern auch der vielen Heiligen, die nur Gott allein kennt. Später kam dann Allerseelen als zweiter Gedenktag hinzu. Im Christentum ist es ein Tag des Gedenkens an die Vorfahren, aber auch der »Armen Seelen«, die noch nicht bei Gott sind. Durch Gebete, Fürbitten und Opfergaben hoffen Gläubige, sie schneller aus dem Fegefeuer, dem Zwischenreich zwischen Erde und Himmel, erlösen zu können. In manchen Regionen legt man heute noch Allerheiligenbrote oder Seelenbrezen auf den Gräbern

▲ Wann hast Du das letzte Mal mit Deinem Engel gesprochen?

nieder. Als Zeichen der Verbundenheit werden die Grabstätten traditionell mit Blumen geschmückt und Kerzen werden angezündet.

Die Kelten, die sehr im Einklang mit der Natur lebten, verzeichneten in ihrem Kalender Samhain als Winterbeginn, an dem die Tore zur Anderswelt offen sind und die Geister der Ahnen wach werden. Die Ahnen waren für sie eine Quelle der Inspiration und der Kraft. Sie mischten sich unter die Lebenden und brachten ihnen ihren Segen.

Im Jahreskreis liegt Samhain als Gegenpol dem sinnenfrohen Vollmondfest »Beltane« gegenüber, das den Beginn des Sommers einläutet. Diese beiden Jahreswendepunkte waren im gesamten Jahreskreis die wichtigsten. Drei Nächte lang wurde in der Zeit des dunklen, unsichtbaren Mondes um den 1. November gefeiert, um des Mythos' des Übergangs zu gedenken. Als Symbol für das Sterben des alten Jahres wurden alle Feuer gelöscht. Alle Ahnen wurden zum Fest eingeladen und konnten für diese Zeit wieder ihren Platz im Kreis der Lebenden einnehmen. Es ging den Menschen um die Begegnung mit ihren Vorfahren, mit den Geistwesen der Pflanzen und Tiere, um diese zu ach-

November – Zeit der Transformation

ten und zu ehren. Erst durch das Entzünden eines neuen Feuers wurde die Geburt des neuen Jahres angezeigt.

Samhain ist der verborgene Beginn des neuen Zyklus, er erinnert uns daran, dass die Ahnen ein Teil von uns sind und wir ein Teil von ihnen. An allen keltischen Hochfesten wird die Grenze zwischen den Welten durchlässiger. Jetzt können wir mit den Ahnen, Feen und Naturwesen kommunizieren, bis sich die Pforten am 6. Januar schließen, wenn der Sonnenbogen wieder größer wird.

Eine inzwischen kommerziell gewordene Art Samhain zu feiern ist Halloween – »All Hallows Evening« –, »Allerheiligenabend« zwischen dem 31. Oktober und dem 1. November. In manchen Gegenden Deutschlands, Österreichs und der Schweiz war der Brauch des »Rübengeisterns« schon lange vor Halloween ein Begriff. Zuckerrüben wurden ausgehöhlt und es wurde eine Fratze hineingeschnitten – von innen mit einer Kerze beleuchtet sollten sie die Geister vom Haus fernhalten.

Urprinzipiell hat hier Pluto / Hades sein Domizil, der Gott der Unterwelt, der dunkle Bruder des Zeus, der Magier, Symbol für das Reich der Schatten, für das Wissen aus der Tiefe. »Metamorphose«, die völlige Wandlung und »Metanoia«, die tiefste Reue, gehören zu diesem Prinzip. Pluto lädt uns ein, die dunklen Seiten unserer Existenz zu beleuchten, in unserem Innern mutig unsere Abgründe, unsere Schat-

▼ Hineinhorchen in die Stille des Novembertages, nichts erwarten, alles wird geschenkt.

Fragen zur Zeitqualität

- Was bewirkt Stille in mir?
- Wie gut kann ich mit Stille umgehen?
- Wie gut kann ich loslassen, um Raum für Neues zu schaffen?
- Von welcher Belastung möchte ich mich trennen?
- Wo in mir sehne ich mich nach innerem Frieden?
- Wie gut fühle ich mich mit meiner inneren Führung verbunden?
- Welche Themen in Bezug auf meine Ahnen möchte ich bereinigen und versöhnlich verabschieden?
- Welche neuen Dinge möchte ich in mein Leben einladen?
- Wofür erbitte ich den Segen meiner Ahnen?
- Kann ich mir eingestehen, dass ich nicht perfekt und vollkommen bin, dass auch in mir Dunkles lebt?

ten zu erkennen, hinter denen ungeahnte Schätze inneren Reichtums verborgen sind. Er zeigt uns, was Macht und Ohnmacht bedeuten, er hilft uns, uns ganz einzulassen, damit sich Angst in Kraft verwandeln kann und Hass in Liebe. Seine magische Kraft schenkt uns den Mut, unsere Masken abzunehmen, um uns als die zu zeigen, die wir sind, in all unserer Verletzlichkeit.

Als Prinzip radikaler Wandlungsfähigkeit ist Pluto dem Wasserelement zugeordnet, aus astrologischer Sicht befinden wir uns im Zeichen »Skorpion«.

Auf der Körperebene gehört der Unterleib hierher, die »Unterwelt des Körpers« und das Becken mit den Geschlechtsorganen, die für die Urvitalkraft des Menschen, die Sexualität stehen.

WEGE NACH INNEN

Aus spiritueller Sicht sind diese Tage nicht nur Feste des Todes und der Trauer, sie bergen auch die Hoffnung auf neues Leben in sich, wenn wir die Stille und den Abschied willkommen heißen.

Die jahreszeitliche Energie des beginnenden Novembers ist die Zeit der Wurzeln, der Ahnen, der Stille, der Dunkelheit und der Einkehr in uns selbst. So wie das Leben und die Lebendigkeit der Natur immer mehr abnehmen, so dürfen auch wir uns jetzt zurückziehen. Wenn alles langsamer wird, dann dürfen auch wir langsamer werden. Wenn das Leben zu seiner Basis zurückkehrt, dann ist auch für uns die Zeit gekommen, unsere Wurzeln und unser innewohnendes Licht zu ehren, zu hüten und

Die Ahnen ehren

Gestalte einen kleinen Tisch oder eine Fensterbank zu einem Gedenkort oder Altarplatz für Dir wichtige verstorbene Menschen. Leg eine schöne Tischdecke auf (vielleicht hast Du ja sogar eine von Deiner Großmutter) und schmücke diesen Platz liebevoll mit Blumen und einer Kerze, Fotos oder Andenken und etwas Räucherwerk.

Es erneuert unsere Verbindung, wenn wir zumindest einmal am Tag diesen Platz besuchen, die Kerze anzünden und ein wenig Zwiesprache halten. Schau Dir die Fotos an und lass dabei Stille in Deine Seele einkehren. Öffne Dich ganz den inneren Bildern, den Erinnerungen, die in Deiner Seele auftauchen. Du kannst nun Fragen stellen, Dich bedanken oder um etwas bitten. So leben Deine Ahnen nicht nur in Deinem Herzen weiter, sondern schenken Dir vielleicht sogar die ein oder andere wichtige Botschaft.

zu nähren. Wir erinnern uns unserer Verstorbenen und erleben in Dankbarkeit die Verbundenheit mit unseren Wurzeln. Die Kräfte der Ahnenlinien wirken über Generationen, darum ist jetzt ein guter Zeitpunkt Achtung und Würdigung ins Familiensystem zu bringen. An Samhain geht es nicht nur um den Tod, sondern auch um die Chance, uns selbst zu erkennen, uns die ehrliche Frage zu stellen: »Wer bin ich? Was ist meine Bestimmung?«

Die Zeitqualität von Pluto unterstützt den Rückzug in die Innenwelt und ermutigt uns, uns auf den Weg zu machen in das Dunkel unserer Seele, den Blick nach innen zu wenden, zu lauschen und die Stille zu umarmen, um schließlich das Licht in uns zu finden.

ÜBUNG

VERBINDE DICH MIT DEINEN WURZELN, KULTIVIERE DEINEN STAMM

»Der Apfel fällt nicht weit vom Stamm«, sagt ein bekanntes Sprichwort und tatsächlich gibt es in allen Familien tradierte Muster, die von Generation zu Generation weitergegeben werden. Diese typischen Verhaltensmerkmale können hilfreich sein, uns aber auch im Wege stehen. Dein »Familienbaum« ist der Ort, an dem eine neue Sichtweise auf die Verwandtschaft wachsen kann. Schließ Frieden mit Deinen Wurzeln, mit Deinem Stammbaum!

Mach einen Spaziergang in einen Wald, in dem Du Dich wohlfühlst, in dem vielleicht sogar Dein Baumfreund steht. Hab keine Eile, lass Dich treiben und genieß das entspannte Gehen. Nimm dabei die einzigartige Waldatmosphäre mit all Deinen Sinnen wahr. Lass Dich einfach von Deiner Intuition führen auf der Suche nach Deinem Familienbaum. Ganz gleich- gültig welche Art von Baum, ob eine mächtige Eiche, eine edle Tanne oder elegante Buche, Du spürst in Deinem Herzen, was stimmig ist. Vielleicht ist es ja ein Überlebenskünstler, der auf einem Felsen wurzelt oder eine alte Wildkirsche inmitten von Nadelhölzern. Auf jeden Fall solltest Du seine Krone gut sehen können.

Wenn nun Dein Familienbaum zu Dir gefunden hat, betrachte ihn aus einiger Entfernung und lass sein Bild auf Dich wirken. Betrachte seine Wurzeln, seine Äste und Zweige, lass nun spontan Personen aus Deinem Familiensystem auftauchen und ordne sie intuitiv einer bestimmten Position zu. Dann wähle Deinen eigenen Platz in diesem System. Lass Dir genügend Zeit und spür hin, wo Du Dich am wohlsten fühlst.

Nähere Dich Deinem Stamm, betrachte Deinen Familienbaum noch einmal in Ruhe und denk dabei an Deine Mutter, Deinen Vater, an Geschwister und Großeltern, an Tanten, Onkel, wer immer auch auftau-

November – Zeit der Transformation

chen mag. Was fühlst Du dabei? Vertrau dem geschützten Ort des Waldes und lass alle Gefühle zu.
Nähere Dich dann ganz langsam dem Baum, geh bewusst auf »Deinen Stamm« zu. Wenn Du vor ihm stehst, halt inne und begrüß ihn, bevor Du ihn berührst. Achte dabei auf all Deine Empfindungen, auch auf innere Widerstände.

Umarme Deinen Stammbaum und versuch in der friedvollen Atmosphäre des Waldes, Deine Familie so anzunehmen, wie sie nun einmal ist. Mach Dir dabei bewusst, dass Du ohne Deine Vorfahren jetzt nicht hier stehen würdest und spür dieser Verbindung einige Atemzüge lang nach. Bleib so lange an Deinen Stamm gelehnt, bis Du Frieden und Dankbarkeit in Dir spüren kannst. Schick nun einen liebevollen Gruß zu Deinen Ahnen – Deinen »Anknüpfungspunkten« im großen Netz des Seins und danke für alles, was ist.

Bevor Du Dich verabschiedest, lass ein kleines Geschenk von Dir da, ein Haar, etwas Speichel, einen schönen Stein ... und fühl die innere Verbundenheit.

Jetzt ist auch ein guter Zeitpunkt für ein Räucherritual, bei dem Du Dich bewusst in Dankbarkeit mit Deinen Ahnen und Wurzeln verbindest. Wacholder eignet sich besonders dafür. Als wertvolle Schutzpflanze zählt er zu den ältesten und wichtigsten Räucherpflanzen und bringt uns den Segen der Ahnen. Du kannst auch mit den Beeren, Salbei, Fichtenharz und Rosenblüten Deine eigene Ahnenmischung kreieren oder natürliches Steinsalz verräuchern. Aber Vorsicht – das Salz zischt auf der heißen Glut! Eröffne das Ritual wie üblich, indem Du eine Kerze anzündest.

Nimm während des Rituals die Ruhe und Geborgenheit in Deinem Zuhause wahr, achte auf Dein Gefühl für die Eingebundenheit in die Familie. Vielleicht ist es auch an der Zeit zu vergeben oder um Vergebung zu bitten. Blase dabei vorsichtig in den Rauch oder fächle mit der Hand. Nutze die Kraft dieses Rituals, um Dich für alles zu bedanken, was war, was ist und was kommen mag. Nimm Dir danach Zeit, der inneren Verbundenheit nachzuspüren.

*Und solang Du das nicht hast,
dieses: »Stirb und Werde!«,
bist Du nur ein trüber Gast auf
dieser Erde.*

– Johann Wolfgang von Goethe –

*Wenn die Martinsgänse auf dem Eise geh'n,
muss das Christkind im Schmutze steh'n.*

— Bauernregel im November —

MIT ANDEREN TEILEN – DIE LEGENDE VOM HEILIGEN MARTIN

Ein weiteres christliches Fest, das in dieser Zeit gefeiert wird, ist St. Martin. Die Legende um den Heiligen Martin eignet sich gut, sie Kindern zu erzählen:

Martinus von Tours war erst 15 Jahre alt, als er im römischen Heer dienen musste. Er war sehr bescheiden und behielt von seinem Soldatensold nur so viel er zum Leben brauchte, das meiste gab er den Armen. Als er ein paar Jahre später schon Offizier war, ritt Martin an einem eiskalten Winterabend zurück ins Militärlager. Da sah er einen Bettler am Wegesrand, der nur in Lumpen gehüllt war. Martin, der ein gutes Herz hatte, verspürte großes Mitleid mit dem armen Mann. Um ihn vor dem Erfrieren zu bewahren, nahm er seinen wollenen Mantel ab und schnitt ihn mit seinem Schwert in zwei Teile. Einen davon legte er dem Bettler um die Schultern. In der Nacht träumte er, dass Jesus Christus zu ihm sprach: »Ich war es, Martin, dem Du Barmherzigkeit erwiesen hast!« Als er erwachte, dachte er über sein Leben nach. Er verließ das Militär, ließ sich taufen und wurde Mönch. Einige Jahre später sollte er Bischof von Tours werden, er fühlte sich aber nicht würdig genug für dieses Amt und versteckte sich deshalb in einem Gänsestall. Doch die Gänse verrieten Martin durch ihr lautes Geschnatter. Zur Strafe, so heißt es, müssen die Gänse bis heute Buße tun und werden zu Martini gebraten.

Der Tag seiner Grablegung, der 11. November, ist der Gedenktag des Heiligen Martin, an dem es zahlreiche Bräuche gibt. Für Kindergärten ist der Martinszug ein Höhepunkt des Jahres, an dem die Kleinen mit selbst gebastelten Laternen singend durch die Straßen ziehen und Licht in die Herzen der Zuschauer bringen.

In manchen Gegenden reitet St. Martin in einem roten Umhang auf einem Pferd voran. Vielerorts werden nach dem Laternenumzug Martinsfeuer entzündet, um die sich die Gemeinde versammelt. Die Asche der Martinsfeuer wird auf die Felder ausgebracht, um Segen und Fruchtbarkeit für das kommende Jahr über die Flur zu bringen. Auf dem Land gilt der 11. November als Winteranfang, er ist ein »Schlenkeltag«, an dem das Gesinde seine Stelle wechselt und ohne Beschäftigung »herumschlenkelt«.

KOMM, ICH ERZÄHL DIR EINE GESCHICHTE

Geschichten haben die Menschheit seit ihren Anfängen begleitet. Vor gar nicht allzu langer Zeit, als es weder Radio noch Fernsehen gab, waren Märchen, Legenden und Sagen die Quelle von Wissen und Erkenntnis und dienten zu-

gleich der Unterhaltung. Für gewöhnlich waren es die älteren, weisen Frauen, die »Großen Mütter«, denen die Aufgabe zufiel, in der dunklen Zeit Geschichten zu erzählen.

Genauso wie meine Tochter Steffi vor vielen Jahren, weigerten meine Geschwister und ich uns vor vielen, vielen Jahren, abends die Augen zu schließen, bevor uns jemand eine Geschichte erzählt hatte. Wie sollte man je einschlafen, ohne zuvor in diese wundersamen Welten eingetaucht zu sein, die von Elfen und Zwergen, Riesen und bösen Hexen bewohnt werden? Am meisten liebte Steffi es, wenn ich nicht vorlas, sondern die Geschichten aus dem Stehgreif erfand. Jorge Bucay, ein argentinischer Gestalttherapeut und Autor, schrieb so eindrücklich: »Kindern erzählt man Märchen, damit sie einschlafen, Erwachsenen, damit sie aufwachen.« Märchen und Mythen zu lauschen kann uns verwandeln, kann ein Initiationserlebnis, eine spirituelle Reise in die Anderswelt werden, wenn wir bereit sind, uns wirklich auf sie einzulassen. Das Wesentliche liegt darin, dass wir üben, das Leben mit dem Herzen zu sehen. Geschichten, besonders die, die man uns in der Kindheit erzählt hat, sind der Schlüssel zu unserem wertvollsten Inneren, zu unserem Herzen.

Welch wunder-volles Ritual zur Stillen Zeit in heimeliger Geborgenheit jeden Abend eine Geschichte, ein Märchen zu lesen, für Dich selbst oder für jemanden, der Dir am Herzen liegt. Vielleicht kannst Du in den Erzählungen etwas entdecken, das jenseits des Verstandes liegt. Vielleicht öffnet sich eine Türe, die zu Deinen Gefühlen führt, weil Du mit offenem Herzen besser siehst.

Mag sein, dass Du Dich fragst, ob wir überhaupt noch Märchen brauchen in Zeiten von Netflix und TV-Serien? Ja, wir brauchen sie

Popcorn für die Märchenstunde

Zutaten für 2 Personen
- 50 g Popcornmais
- 1 Knoblauchzehe (nach Belieben)
- 2 Zweige frischer Rosmarin
- 25 ml Olivenöl
- Salz

Knoblauch schälen und mit dem Messerrücken leicht anquetschen. Von einem Zweig die Rosmarinnadeln rebeln. Olivenöl in einem kleinen Topf erwärmen, den Knoblauch und den ganzen Rosmarinzweig zugeben. Ca. 20 Minuten auf sehr kleiner Flamme ziehen lassen.

3 EL des aromatisierten Olivenöls in eine schwere Pfanne geben, Mais einstreuen und mit geschlossenem Deckel erhitzen bis alle Körner gepoppt sind.

Das warme Popcorn mit den Rosmarinnadeln und Salz würzen, evtl. noch etwas von dem aromatisierten Öl zugeben. Gut durchschütteln, sofort servieren und genießen!

▲ Geh in die Natur, in eine einsame Steinlandschaft und nähre Deine Fantasie. Überraschend ergeben sich Ordnungen, Zuordnungen, wenn Du sitzt und schaust und still wirst, wenn Du aus Steingesichtern Deine eigene Sagenwelt erfindest.

mehr denn je, damit wir einen wichtigen Teil von uns nicht verlieren – unsere kindliche Neugier, unsere Fantasie und unsere Fähigkeit, zu staunen und zu träumen.

Selbst, wenn Dir das Hören oder Lesen der Märchen keine neuen Erkenntnisse bringen mag, wirst Du die magische Erfahrung machen, für einzigartige, beschützte Augenblicke wieder

das Kind zu sein, das Du einmal warst. Das Kind von damals, das es liebte, wenn sich jemand zu ihm setzte und ihm einfach eine Geschichte erzählte.

Lass Dich von einem Märchen- oder Sagenbuch durch die Stille Zeit begleiten! Wenn Du keines mehr besitzt, dann such Dir eines in der Buchhandlung aus.

Advent – heilsame Zeit, Weihe-Zeit

Der Zauber der Weihnachtszeit ist eine Chance für uns, die ursprüngliche Bedeutung als Zeit der Stille, des Wartens und ihre heilende Wirkung wieder bewusst zu erleben. Unsere Seele ist nun besonders empfänglich für das Weiten des inneren Blicks, für die Hoffnung auf eine lichte Zukunft, für Wunder.

Dezember –
die stillste Zeit im Jahr

Dezember, der letzte Monat im gregorianischen Kalender, war ursprünglich eine Zeit der festlichen Stille, eine wertvolle Zeit des Rückzugs. Noch ist Herbst, doch in der Natur ist längst der Winter eingekehrt, wir bewegen uns auf den dunkelsten Punkt des Jahres zu. Die Herbststürme haben die Äste leergefegt, jeder Baum zeigt nun seine charakteristische Silhouette. Die Nächte sind fast doppelt so lange wie die Tage, die Natur hat sich vollständig in das Innere der Erde zurückgezogen. Das Herz der Erde ist nicht tot, leise schlägt es noch, auch unter Schnee und Eis.

In dieser stillsten, dunkelsten Zeit des Jahres vollziehen sich im Verborgenen, für unsere Augen unsichtbar, kraftvolle Prozesse – Kräfte werden in der Stille gesammelt und erneuert, der Wiederaufstieg von Leben und Licht in der bevorstehenden Wintersonnenwende wird vorbereitet. Es beginnt die Zeit des klaren Sternenhimmels und des ersten Schnees, der Blick richtet sich zum Himmel, es gibt keine Ablenkung mehr durch Buntes.

In der Adventszeit laden uns die langen Abende zu Besinnung, zu Einkehr und Stille ein. Wir können uns von der Gelassenheit der Natur inspirieren lassen und uns so den Geheimnissen des Lebenskreislaufs annähern. Im Dunkel wächst von Woche zu Woche die Sehnsucht nach Licht. Viel Kerzenschein, Kaminfeuer und Räuchern helfen uns durch die Dunkelheit zu gehen. »Advent« kommt von lateinisch »advenire« und heißt »ankommen«.

Wir warten zur Zeit der Wintersonnenwende auf die Ankunft des Lichts und des neuen Lebens in der Natur, in der christlichen Tradition auf die Geburt Christi und damit auf die Wiedergeburt des Lichts zu Weihnachten. Es ist die Zeit der Erwartung des inneren Lichts, der Sammlung und Ausrichtung, aber auch der Hoffnung und Vorfreude. Zahlreiche Bräuche sollen uns das Warten erleichtern.

Immer sollte in uns die Stille sein, die nach der Ewigkeit hin offen steht und horcht.
– Romano Guardini –

Im Adventkranz kommt die Sehnsucht nach dem Licht der Sonne zum Ausdruck. Mit dem Näherkommen der Sonnenwende, nach christlichem Glauben dem Erscheinen des »Lichts der Welt«, zünden wir an jedem Sonn-Tag eine Kerze mehr an, als Symbol, dass es bald wieder heller wird. Viele zauberhafte Wesen wie Engel, Feen und Wichtel bereiten die Ankunft des Christkindes vor. Im Haus duftet es nach Keksen, es liegt etwas Geheimnisvolles in der Luft, es ist die magische Zeit der Wunschzettel und der Überraschungen, der Nikolaus kommt und Weihnachtsmärkte laden ein. Die Vorfreude ist überall spürbar, der Weihnachtsstress leider auch.

INNENSCHAU HALTEN

Während die Stille in früheren Zeiten gerade während der dunklen, kalten Wintertage zum Leben dazu gehörte, ist es heute oft genau dann am lautesten. So vieles »muss« erledigt werden, in den Geschäften und auf den Märkten läuft schon seit November die Dauerberieselung mit Weihnachtsliedern, der Einkaufsmarathon beginnt und die Jagd nach den Geschenken lässt kaum Raum für uns. Es sei denn, wir schalten bewusst einen Gang zurück und organisieren die wichtigsten Dinge rechtzeitig, um uns nicht aus der Ruhe bringen zu lassen.

Im allgemeinen Weihnachtstrubel ist es wichtig, uns immer wieder Zeit zu nehmen und in die Stille zu gehen, Bilanz zu ziehen und Dinge zu Ende zu bringen. So können wir uns z.B. in den kommenden Wochen vornehmen, ganz im Frieden zu sein und vielleicht einen Herzenswunsch entstehen zu lassen. Damit finden wir zu uns selbst und öffnen uns, damit wir das neue Licht in uns empfangen können. Dann findet die Seele ihr Gleichgewicht und wir entdecken die »stille Zeit« von früher neu!

ADVENT, ADVENT, EIN LICHTLEIN BRENNT ... ERST EINS ...

Die Vorfreude auf den großen Tag wird im Christentum ausgiebig zelebriert, vier Wochen vor Weihnachten beginnt die Adventszeit mit

Advent – heilsame Zeit, Weihe-Zeit

Advent

Bleib einmal steh'n und haste nicht
und schau das kleine stille Licht.
Hab einmal Zeit für Dich allein
zum reinen Unbekümmertsein.

Lass Deine Sinne einmal ruh'n
und hab den Mut zum gar nichts tun.
Lass diese wilde Welt sich dreh'n
und hab das Herz, sie nicht zu seh'n.

Sei wieder Mensch und wieder Kind
und spür, wie Kinder glücklich sind.
Dann bist von aller Hast getrennt,
Du auf dem Weg hin zum Advent.

Edda Loose

vielerlei Bräuchen. Sie stimmt uns darauf ein, dass etwas ganz Besonderes geschehen wird, die Spannung wächst von Tag zu Tag, die Seele wird immer zarter. Eine bewusst durchlebte Adventszeit schenkt uns die Möglichkeit, alles, was während des Jahres geschehen ist, zu würdigen und zu integrieren.

Während das Licht draußen schwindet, sammeln wir das Licht in uns, sodass wir mit einem erfüllten Herzen Weihnachten feiern können. Vorfreude ist bekanntlich die schönste Freude! Der Advent beginnt zwischen dem 27. November und dem 3. Dezember mit dem ersten Adventsonntag, an dem der Adventkranz eine wichtige Rolle spielt. Wenn wir an Advent und Weihnachten denken, tauchen sofort Bilder aus unserer Kindheit in uns auf. In meiner Kindheit gingen wir gemeinsam in den Wald und holten Tannenzweige, die zu einem Kranz gebunden und mit Bändern und vier Kerzen geschmückt wurden. An jedem Adventsonntag wurde eine Kerze mehr angezündet und meine Eltern und Geschwister saßen gemütlich zusammen, wir sangen Weihnachtslieder, lauschten Geschichten und bastelten Strohsterne.

Am 1. Dezember gibt es den Adventkalender, der die Wartezeit verkürzen soll, bis endlich das Christkind kommt. Ursprünglich wurden ganz einfach 24 Kreidestriche an die Türe gemalt und jeden Tag wurde einer gelöscht. Heute gibt es eine unüberschaubare Menge an verschiedensten Modellen aus Papier mit Fensterchen zum Öffnen, aus kleinen Säckchen mit Süßigkeiten, aus Schachteln mit Überraschungen oder Bücher mit 24 Geschichten zum Vorlesen. In Kindergärten und Schulen, aber auch unter Erwachsenen, erfreut sich der Brauch des »Wichtelns« immer größerer Beliebtheit.

Richte in den nächsten Wochen Deine Aufmerksamkeit darauf, den Menschen rund um Dich Freude zu schenken – Deinen Liebsten, dem Nachbarn, einer Kollegin. Es braucht nicht immer einen großen Anlass, um Liebe und Wertschätzung zu zeigen, lass Deine Fantasie spielen und lass Deinen Gefühlen freien Lauf. Freu Dich wie ein Kind, Dir auch außerhalb der Reihe etwas auszudenken und lass Dich überraschen, was Dir alles einfällt!

Wichteln – Schenken bringt Freude

Großzügigkeit bedeutet nicht zu Weihnachten riesengroße Geschenke zu kaufen oder möglichst viel Geld auszugeben. Ein Geschenk, über das sich jeder freut, heißt Aufmerksamkeit. Jemandem mit ganzem Herzen zuzuhören, ihn zu loben, zu ermuntern, jemandem zu danken, unsere Zeit zu schenken, bedeutet wahre Großzügigkeit. Achtsamkeit hilft uns dabei, Aufmerksamkeit schenken zu können – je öfter wir üben, desto leichter fällt es uns. Dabei dürfen wir nicht vergessen, dass wir nur geben können, wenn wir auch großzügig zu uns selbst sind, unserem Körper und Geist Ruhe gönnen und das Leben genießen. Oft sind wir viel zu sehr darauf fixiert, etwas haben zu wollen, Wünsche erfüllt zu bekommen und vergessen dabei, wie einfach es ist, uns selbst eine Freude zu machen, indem wir jemanden anderen beschenken.

längst anrufen oder zum Tee einladen, wem täte es gut, wenn Du ihm in Ruhe zuhörst, wer könnte Deine Hilfe brauchen?

Sei freundlich zu allem und jedem und folge dem Impuls zu Großzügigkeit, der aus Deinem Herzen kommt. Sei offen und mutig, zeig Deine Gefühle, lass Nähe zu, sei ein Geschenk für andere und damit auch für Dich selbst!

Wir können Spuren des Lichts hinterlassen, wenn wir den Weg der Achtsamkeit und des Herzens gehen!

Geht Barbara im Klee,
kommt's Christkind im Schnee.
– Bauernregel im Dezember –

Eine kleine Botschaft im Schuh versteckt, die hübsch verpackte Lieblingspraline, ein Stern aus Glanzpapier am Nachtkästchen, ein handgeschriebener Brief, ein Herz in den Schnee gemalt, der Zimtstern an der Türklinke, eine Kerze im Fenster, der kleine Engel vom Weihnachtsmarkt in der Manteltasche... Deiner Fantasie sind keine Grenzen gesetzt, sei originell und aufmerksam und spür, wie viel Freude es Dir macht, wie sehr Du Dich damit selbst beschenkst! Schenk Zeit, liebevolle Hingabe, einen freundlichen Gruß, ein herzliches Danke, leuchtende Augen, ein warmes Lächeln – einfach so.

Wen hast Du schon lange nicht mehr in den Arm genommen, wem möchtest Du sagen, dass er Dir wichtig ist, wen wolltest Du schon

BARBARATAG – 4. DEZEMBER

Ein schöner vorweihnachtlicher Brauch ist es am Gedenktag der Hl. Barbara Zweige vom Kirschbaum zu schneiden und im warmen Zimmer ins Wasser zu stellen. Erblühen die »Barbarazweige« bis Weihnachten, sollen sie Glück und Fruchtbarkeit im neuen Jahr bringen. Der ursprünglich heidnische Fruchtbarkeitszauber wurde auf die Hl. Barbara übertragen. Aus christlicher Sicht ist das weihnachtliche Aufblühen mitten im Winter natürlich ein Symbol für das Wunder der Geburt Jesu in der Heiligen Nacht.

Es gibt verschiedene Tricks, die Zweige zur Blüte zu bringen: Es sollten nur Äste abgeschnitten werden, die Blütenknospen tragen, sie sind rundlich geformt und dicker als Blattknospen.

REZEPT

ORANGENMARMELADE

Zutaten
- 1 kg beste Bio-Orangen
- 1 Bio-Zitrone
- 1 kg Gelierzucker 1:1
- 1 Packung Bourbon Vanillezucker (nach Belieben)

Zubereitung
Kleine Gläser gründlich reinigen und anschließend mit kochendem Wasser ausspülen, kopfüber bis zum Gebrauch abtropfen lassen.
Zitrusfrüchte heiß waschen und abtrocknen.
Die äußere Schale (ohne die innere weiße Schale) von 2–3 Orangen in feine Streifen schneiden. Das Fruchtfleisch von weißer Schale und Kernen befreien und klein schneiden.
Saft aus den restlichen Orangen und der Zitrone pressen.
Geschnittene Schalen, Saft, Fruchtfleisch, Gelierzucker und Vanillezucker in einen großen Topf geben und gut vermischen. Etwas ziehen lassen.
Alles unter Rühren zum Kochen bringen und sprudelnd unter gelegentlichem Rühren ca. 7–10 Minuten kochen lassen.
Nach der Kochzeit eine Gelierprobe machen. Dafür 1 TL Marmelade auf einen kalten Teller geben und auskühlen lassen. Bildet sich eine Haut, ist die Marmelade fertig. Falls nicht, einige Minuten länger kochen und Gelierprobe wiederholen.
Die heiße Marmelade in die vorbereiteten Gläser füllen und sofort verschließen. Orangenmarmelade hält sich kühl und dunkel gelagert bis zu einem Jahr. Nach dem Öffnen im Kühlschrank aufbewahren und zeitnah verbrauchen.
Mein Tipp: Mit individuellen Etiketten beschriften und mit einem dekorativen Stück Stoff und einer Schleife liebevoll als Geschenk verpacken.

Herrschen milde Temperaturen, regen einige Tage im Gefrierfach die Knospen zum Blühen an. Ein Bad in warmem Wasser signalisiert den Knospen, der Frühling habe begonnen und sie dürften zu blühen beginnen.

Die zarten Blüten sind eine große Freude in der dunkelsten Zeit und können mit Bändchen geschmückt später die Krippe oder den weihnachtlichen Tisch schmücken.

MEINE ADVENTZEIT

»Adventus domini« – die Ankunft des Herrn. Wir warten in diesen vier Wochen auf die Ankunft des ewigen Lichts, das in der dunkelsten Nacht wiedergeboren wird. Am ersten Adventsonntag beginnen die Vorbereitungen für diese besondere Nacht. Wir beschäftigen uns mit Bräuchen und Ritualen, backen Kekse, singen Weihnachtslieder, basteln Christbaumschmuck, verpacken Geschenke und schreiben Karten mit Segenswünschen. Advent ist der Weg vom alten ins neue Jahr, auf dem wir Dinge zu Ende bringen und Menschen beschenken, die uns nahe sind.

Wir schauen zurück und gleichzeitig nach vorne: Was lassen wir hinter uns und was wollen wir in das neue Jahr mitnehmen? Wir orakeln und achten mit wachem Blick und offenem Herzen auf Zeichen, auf die kleinen und großen Wunder des Alltags, denn der Advent ist eine geheimnisvolle, besondere Zeit.

Mach es Dir an Deinem Lieblingsplatz so bequem wie möglich, zünd eine Kerze an und genieß für ein paar Minuten die Stille. Lass nun Deine Augen zugehen und mal Dir in Gedanken aus, wie die perfekte Adventzeit für Dich aussieht. Welche Bilder tauchen auf, welcher Duft, welche Erinnerungen, welche Wünsche oder Sehnsüchte?

Geh in den Garten am Barbaratag.
Geh zum kahlen Kirschbaum und sag:
»Kurz ist der Tag, grau ist die Zeit.
Der Winter beginnt, der Frühling ist weit.
Doch in drei Wochen, da wird es gescheh'n:
Wir feiern ein Fest wie der Frühling so schön.
Baum, einen Zweig gib Du mir von Dir!
Ist er auch kahl, ich nehm ihn mit mir.
Und er wird blühen in leuchtender Pracht
mitten im Winter in der Heiligen Nacht.«
– Josef Guggenmos –

Dezember – die stillste Zeit im Jahr

Nimm Deine inneren Bilder wahr und frag Dich, was Dir in der Vorweihnachtszeit besonders wichtig ist: Was bedeutet diese Zeit für Dich? Wie hast Du sie als Kind, als Jugendlicher erlebt? Welche Geschichten, Rituale haben Dich berührt? Was möchtest Du auf keinen Fall missen? Was möchtest Du erlebt haben, wenn Du am Jahresende auf diesen Advent zurückblickst?

Wenn Du möchtest, kannst Du eine Liste mit all Deinen Wünschen und Plänen schreiben und gut sichtbar aufhängen. Wenn Dir bewusst ist, was Dir in dieser besonderen Zeit wirklich wichtig bist, ist die Wahrscheinlichkeit, dass Deine Wünsche in Erfüllung gehen, um vieles größer.

WENN ICH SCHLAFE, DANN TRÄUME ICH ...

... *jetzt bringt Nik'laus was für mich!* Kein anderes Fest, außer Weihnachten und Ostern, ist so im Brauchtum lebendig, wie das Fest des Heiligen Nikolaus am 6. Dezember. Seine Wurzeln finden sich noch vor dem Christentum. In der alteuropäischen Überlieferung galt der 5.

Advent – heilsame Zeit, Weihe-Zeit

Dezember als Tag der Rückschau und Abrechnung des abgelaufenen Jahres mit dem Blick auf schlechte Taten.

Am 6. Dezember kam der Tag für das Gute und die Wiedergutmachung. Passend dazu sind später Krampus- und Nikolausbräuche entstanden, die vor allem den Kindern gelten. Am 6. Dezember kommt der heilige Nikolaus zu den Kindern, meist aus dem Wald, oft mit einem Esel. Beinahe immer wird er von einer oder mehreren dunklen Gestalten begleitet, der bekannteste ist wohl Knecht Ruprecht. Mit seinem Bart aus Baumflechten war er im Alpenraum ein guter Baumgeist und Wachstumsdämon. Den braven Kindern bringt der Nikolaus Gaben, den schlimmen eine Rute. Oft wirkt er im Verborgenen und legt kleine Geschenke in die Schuhe, die die Kinder am Vorabend vor die Türe gestellt haben.

Wenn ich aufgestanden bin, lauf' ich gleich zum Teller hin! Da sind sie dann die Mandarinen, Äpfel und Nüsse, Lebkuchen, Feigen und Spekulatius. Wenn der Nikolaus aber selbst ins Haus kommt, dann liest er aus seinem großen goldenen Buch Lob und Tadel vor und bekommt zum Dank ein Lied oder Gedicht vorgetragen. Um den Heiligen Nikolaus ranken sich zahlreiche Legenden, am bekanntesten ist die christliche Legende des Bischofs von Myra. Er hörte von drei Jungfrauen, deren Vater so verarmt war, dass er sie nicht standesgemäß verheiraten konnte und deshalb daran dachte, sie der Prostitution preiszugeben.

Nikolaus warf nachts Goldstücke durch das Fenster, damit die Mädchen vor diesem Schicksal bewahrt werden. So wurde er zum winterlichen Gabenbringer. Die Lebkuchen, die er mitbringt, waren schon bei den Römern als »panis mellitus« – »Honigbrot«, beliebt. Nach Hildegard von Bingen galten sie als Medizin und Fastenspeise, mit Honigbrot und Starkbier konnte man sich im Fastenadvent gut auf Weihnachten einstimmen. Aus den Klöstern und Bäckereien des Mittelalters gingen die

REZEPT

VANILLEKIPFERL

In Wien gehören Vanillekipferl zum traditionellen Weihnachtsgebäck. Mein Vater, geborener Wiener, liebte Vanillekipferl und wir Kinder mit ihm. Es gibt natürlich zahlreiche Varianten davon, dieses alte Rezept stammt aus meiner Familie und ist einfach das allerbeste!

Zutaten
- 420 Gramm Mehl
- 310 Gramm weiche Butter
- 150 Gramm Mandeln (geschält und gerieben)
- 110 Gramm Staubzucker
- Vanillezucker zum Wälzen

Zubereitung
Alle Zutaten rasch zu einem glatten Teig verkneten und im Kühlschrank mehrere Stunden (bis hin zu Tagen) ruhen lassen.
Den Teig stückweise rollen, Scheiben abschneiden und kleine Kipferl formen.
Auf einem mit Backpapier ausgelegten Blech langsam lichtgelb backen. Danach sofort, noch heiß, vorsichtig in Vanillezucker wälzen.
Einschubleiste: 1, Temperatur: 175 Umluft, ca. 15–20 Minuten.

»Lebzelter« und »Wachszieher« hervor. Sie kauften die gefüllten Honigwaben, schleuderten sie, zogen aus dem Bienenwachs Kerzen und verwendeten den Honig für Lebkuchen. Sie setzten dazu den Teig ohne Eier und Fett an und überließen ihn der Milchsäuregärung. Er durfte bis zu einem Jahr rasten.

In der Vorweihnachtszeit ist für reichlich Ablenkung gesorgt. Ein Futterhäuschen am Fenster oder in Sichtweite im Garten lässt uns am winterlichen Leben unserer gefiederten Freunde teilhaben. Amsel, Meise, Sperling und Rotkehlchen, die uns im Frühling und Sommer mit ihrem Gesang erfreut haben, treffen sich dort, um sich Leckerbissen zu holen. Das Arbeitszimmer dient als Bastelstube für Weihnachtskarten, Stroh- und Papiersterne, vergoldete Nüsse und manch andere Überraschungen.

Wir verbringen die Zeit bis zur Wintersonnenwende mit viel Kerzenlicht und Räuchern und stillen so das Bedürfnis nach innerer Wärme und Harmonie. Weihrauch, wärmende Zimtrinde, eine Prise Kardamom und getrocknete Orangenschale auf dem Räuchersieb und schon liegt der Zauber der Weihnachtszeit in der Luft, dazu kommt Myrrhe zur Segnung. Es braucht gar nicht viel, um Weihnachtsstimmung in die Wohnung zu zaubern. Ein paar duftende Tannenzweige, rote Kerzen, Teelichter oder goldgelbe Bienenwachskerzen, eine Laterne vor der Türe und selbst gebastelte Sterne am Fensterbrett – die einfachsten Dinge sind meist die schönsten.

Traditionell begann das weihnachtliche Backen zu Mariä Empfängnis am 8. Dezember, wobei einiges Gebäck schon am 25. November, dem Katharinentag, gebacken wurde. Denn Christstollen, Kletzenbrot und so mancher Lebkuchen brauchen ausreichend Zeit zu ruhen. Die Küche wird nun zur Backstube, in der es je nach Region nach Keksen, Plätzchen oder Gutsle duftet. Jede Familie backt ihre Lieblingssorten, oft schon seit Generationen. Am schönsten ist es, wenn gemeinsam gebacken wird. Kinder freuen sich auf´s Teigkneten, Keksausstechen, Verzieren und (heimlich) Naschen.

Im Dezember färbt sich der Himmel am Morgen rosa bis feuerrot und so manche Großmutter erzählt ihren Enkeln von den Englein im Himmel, die den Backofen einheizen, um Sterne für die Kinder auf Erden zu backen.

Was darf im Advent und zu Weihnachten nicht fehlen? Welche besonderen Traditionen gibt es in Deiner Familie, woher und von wem stammen sie? Was gehört unbedingt dazu, wenn wirklich Weihnachten werden soll? Diese Familientraditionen geben uns das Gefühl, dass alle mitfeiern, unvergessen sind, in den besonderen Bräuchen und Rezepten lebendig sind, selbst wenn wir sie gar nicht mehr persönlich kannten.

Versuch die Traditionen aus Deiner Familie, die Dir erhaltenswert erscheinen, weiterzuführen. Gleich- gültig, ob es alte Rezepte sind oder das Geschichtenerzählen, Sternebasteln, Bratäpfel ins Rohr schieben oder Lieder singen! Lausch nach innen, was wirklich wichtig und wahr für

◄ Zünde in der dunklen Zeit an jedem Morgen und Abend eine Kerze an. Lass es zu Deinem täglichen Ritual werden.

Dich ist und versuch im Einklang mit der Zeit etwas von der besinnlichen Stimmung zu spüren. Erlaub Dir immer wieder still und allein zu sein oder ganz bewusst in der Natur. Mach es Dir bei Kerzenschein und einer Tasse Tee oder einem guten Glas Wein gemütlich und hör schöne Musik – vielleicht das Weihnachtsoratorium von Bach? Nimm Dir Zeit, Karten und Briefe mit Segenswünschen an all die Menschen zu schreiben, die Dir wichtig sind.

FRAUTRAGEN

Das Frautragen ist ein alter christlicher Brauch, der noch in manchen ländlichen Gegenden gepflegt wird. Eine Marienfigur oder ein Bild der Mutter Gottes wird während der Adventszeit von Haus zu Haus getragen. In jedem Haushalt wird der Madonna jeweils für einen Tag Herberge gewährt. Die Familie, in der die Gottesmutter gerade zu Gast ist, widmet sich in besonderer Weise dem Gebet. Man betet die Geheimnisse des freudenreichen Rosenkranzes oder singt gemeinsam Marien- und Adventslieder. Eine Nacht lang bleibt nun die Heilige Maria symbolisch im Haus, ehe sie am nächsten Abend weitergetragen wird. Dabei werden wohl auch persönliche Schicksale berührt und nachbarschaftliche Beziehungen gefestigt.

Der Brauch des Frautragens erinnert an die Herbergssuche von Maria und Josef. Maria ist gewissermaßen den ganzen Advent lang unterwegs durch die Häuser einer Gemeinde und ersucht, aufgenommen zu werden. Das Ende dieser Reise markiert der 24. Dezember, der Tag, an dem die Marienfigur die Kirche erreicht und dort an einem besonderen Platz verehrt wird. Mancherorts behält die letzte Familie das Bild auch bis zum Lichtmesstag am 2. Februar. Dieser Brauch ist von Frankreich über Deutschland, Österreich bis nach Polen und Tschechien in katholischen Gemeinden bis heute weit verbreitet.

GEGRÜSSET SEIST DU MARIA

Stille ist so etwas wie Seelenbalsam, sie schenkt den Dingen Raum gehört zu werden. Gerade der Morgen, wenn die Sonne aufgeht, fühlt sich oft an wie eine heilige Zeit, deren Stille man nicht stören möchte. Vielleicht magst Du ein Bild von Maria an Deinem Rückzugsplatz aufstellen. Schmück es mit einem schönen Zweig, einer Blüte oder einem Stern. Zünd eine Kerze an, verbrenn etwas Räucherwerk oder gib einige Tropfen ätherisches Öl in die Duftlampe.

Bitte die göttlichen Kräfte mit Dir zu sein, damit dieser Platz ein heilendes Zentrum der Liebe, des Friedens und des Lichts sein möge und nimm auf Deine ganz eigene Art und Weise mit Maria Kontakt auf. Du kannst zu ihr beten, ihr Fragen stellen, sie um Hilfe bitten oder danken. Bleib in der Stille und sei gewahr, alles, was Dir »zufällt«, was Du wahrnimmst und erlebst, wertzuschätzen, zu bewahren und dafür zu danken. Vielleicht wird es ja zu Deinem täglichen Ritual, Maria zu ehren und Herberge bis Weihnachten (und darüber hinaus?) zu geben. Vielleicht magst Du ihr auch Lieder aus Deiner Kindheit vorsingen?

Dezember – die stillste Zeit im Jahr

Advent – heilsame Zeit, Weihe-Zeit

Weihnachtslieder bringen uns in eine Stimmung, die uns guttut, die uns zu Herzen geht, an unsere Kindheit erinnert. Es ist nicht allein der Inhalt, es sind zärtliche Melodien, die uns von Liebe erzählen, vom Kindleinwiegen und davon, dass uns in Jesus etwas Heilsames, etwas Wunder-volles geschenkt wird. So wird das Geheimnis von Weihnachten durch Lieder, durch Musik und durch Erzählen nicht nur für Kinder, auch für uns Erwachsene erfahrbar, denn sie öffnen unser Herz.

…DANN ZWEI, DANN DREI, DANN VIER …

Wintersolstitium – »Solstitium« heißt »Stillstand der Sonne« – ist ein großes Fest in den meisten alten Kulturen, an dem das wiedererwachende Licht und damit die Sonne verehrt wird. Nicht verwunderlich, ist sie doch die Quelle der Energie, aus der alles Leben auf Erden seine Kraft bezieht. Weil sie für alle Wesen gleich scheint, gilt sie auch als Symbol für Gerechtigkeit. Die christliche Kirche hat die römische und griechische Sonnenverehrung aufgegriffen und sie mit Jesus Christus verbunden. Daher wird zu Beginn des Tages im Morgenlob (»Laudes«) und am Ende des Tages im Abendlob (»Vesper«) die Sonne besungen, die wie Christus aufgehen soll in unseren Herzen, um daraus alles Dunkle zu vertreiben.

Zur Wintersonnenwende am 21. Dezember steht die Sonne so tief am Horizont wie an keinem anderen Tag, sie steht scheinbar still und verströmt nur noch spärlich ihr Licht. Es ist die längste, tiefste, dunkelste Nacht des Jahres, in der die Erde ihren Umschwung beginnt. In der Tiefe dieser Nacht wird das Licht geboren. Die Sonne, die vom Sommer über den Herbst zum Winter immer weniger Licht gespendet hat, kehrt zurück und beginnt nun wieder stärker zu werden. Unsere Hoffnung auf ein Wunder in dieser besinnlichen Zeit erfüllt sich: Das Licht kommt zurück!

»Die Mitte der Nacht ist der Anfang des Tages«, heißt es in einem alten christlichen Hymnus. Dieser heilige Moment schenkt uns ein Symbol der Hoffnung, dass das Leben weitergeht und in jedem noch so dunklen Augenblick inneres Licht geboren werden kann. Es ist die weihevolle Nacht, die vom Licht geweihte Nacht, in der das Licht wiedergeboren wird. Darum feiern die Christen Weihnacht als Geburtstag von Jesus Christus – dem Licht der Welt – der für Hoffnung, Wiederkehr und Erlösung steht.

Bis zum Thomastag am 21. Dezember musste in früheren Zeiten alle Arbeit abgeschlossen sein. Dieser Tag lädt uns zum bewussten Präsentsein und in die Stillegehen ein. Es beginnt nun die Zeit, in der die Zeit stillsteht – die Zeit des Innehaltens und der Stille. Einmal den ganzen Tag nichts zu tun, ist uns im Alltagsgetriebe schon fremd geworden. Das Wesen dieses Tages ist es die Stille zu finden und zuzulassen, er schenkt uns Mußestunden, um uns mit Achtsamkeit in die Zeit zwischen den Jahren einzustimmen. Nur wer glauben kann, hat Hoffnung, dass sich etwas zum Guten wendet.

> *Die Nacht scheint tiefer tief*
> *herein zu dringen,*
> *allein im Innern leuchtet*
> *helles Licht.*
> *– Johann Wolfgang von Goethe –*

Die Sonnenwende mag uns an die vielen Wendepunkte in unserem Leben erinnern, die immer eine Zeit der Wandlung sind. So können wir heute die verschiedenen Wendezeiten unseres Lebens reflektieren und beten, dass sich in unserem Leben alles zum Guten wende. Mit der Rückkehr des Lichts ist es auch an der Zeit, uns von Verbrauchtem zu lösen, sowohl im energetischen wie auch im materiellen Sinne. Jetzt ist Zeit der Einkehr, Weihung und Segnung für das, was sich im neuen Jahreszyklus offenbaren wird. Es tut gut, nun für Ordnung und Klarheit zu sorgen, nutzlos Gewordenes aus der Wohnung zu verabschieden und energetischen Ballast mit Räuchern aus den Räumen zu lösen. Segne danach Dein Zuhause und alle Lebewesen, die darin leben.

DIE SONNE FEIERN

Zur Wintersonnenwende wurden in alten Zeiten alle Herdfeuer gelöscht und dann zeremoniell mit einem großen Jul-Feuer neu entzündet. Du kannst diesen magischen Wendepunkt mit einem kleinen Ritual zelebrieren, indem Du mit einer Laterne in die Natur gehst. Überleg Dir einen Weg, der dafür geeignet ist, auf dem Du Dich wohl und sicher fühlst und wo es ausreichend finster ist. Da es zeitig dunkel wird, kannst Du auch schon am frühen Abend losgehen.

Zieh Dich warm an, nimm eine Kerze und Zündhölzer mit und eine tragbare Laterne. Vielleicht hast Du ja noch Deine Martinslaterne?

Geh nun langsam und bewusst in die Dunkelheit und lass Dich im Gehen von ihr berühren. Lausche und schau bewusst, Deine Sinne sind jetzt vielleicht sensibler. Spür dabei, wie es Dir geht, was die Dunkelheit in Dir auslöst.

Wenn Du an einem guten Ort angekommen bist, verweile eine Zeit in Stille und lass die Dunkelheit auf Dich wirken. Wann immer Du

Lichtsamen säen

Die Weihnachtszeit ist die Zeit, in der Wünsche in Erfüllung gehen können.

- Zünd eine Kerze an, leg 13 kleine Zettel und einen Stift bereit und nimm Dir heute Zeit Lichtsamen zu säen.
- Setz Dich ruhig und entspannt hin und schließ Deine Augen.
- Leg Deine Hände auf Dein Herz, atme bewusst ein paarmal tief ein und aus und verbinde Dich mit Deinen Wünschen, Deinen Visionen für das kommende Jahr. Was wünschst Du Dir von ganzem Herzen, welche Samen möchtest Du säen, welche Früchte ernten? Achte darauf, dass die Wünsche positiv formuliert und auch erfüllbar sind.
- Dann nimm einen Stift und schreib 13 Herzenswünsche für das kommende Jahr auf jeweils einen Zettel. Falte diese mit der Schrift nach innen und gib sie in ein schönes Gefäß. In der Zeit der Raunächte kannst Du jeden Abend einen Zettel ziehen und Deinen Wunsch, ohne ihn zu lesen, dem Feuer übergeben und damit der höheren Führung. Achte beim Verbrennen auf die Gefühle, die in Dir auftauchen. Bitte dabei aus ganzem Herzen, dass sich dieser Wunsch, dem höchsten Wohl entsprechend, erfüllen möge.
- Am Ende der Raunächte bleibt ein Wunsch übrig. Bevor Du diesen liest, gib das Versprechen ab, dass Du Dich im Laufe des neuen Jahres selbst um die Erfüllung dieses Wunsches kümmern wirst.
- Wenn Du fertig bist, stell das Gefäß an einen schönen Platz, schließ Deine Augen und leg Deine Hände wieder auf Dein Herz. Lass noch einmal alle Lichtsamen auftauchen und mit jedem tiefen Atemzug tief in Dein Herz hineinsinken, damit sie zu gegebener Zeit aufgehen können.
- Wenn Du Lust hast, entfach ein Feuer in einer Feuerschale oder nimm Deine Laterne und brich zu einem kleinen Nachtspaziergang auf. Du kannst Dich auch ganz gemütlich bei Kerzenlicht in Stille und mit offenem Herzen auf die kommende Zeit einstimmen.

bereit bist, nimm ein Streichholz, entzünd es ganz bewusst und nimm das erste Aufglimmen des Feuers wahr. Gib jetzt die Flamme an die Kerze weiter und beschütze das zarte Licht, wenn Du die Kerze in die Laterne stellst. Was verändert sich durch den Kerzenschein in Dir? Was lösen das Licht und die Wärme für Gefühle aus?

Bleib so lange Du möchtest und mach Dich dann mit dem goldenen Lichtschein in Deiner Laterne auf den Weg zurück nach Hause. Stell Deine Sonnwendlaterne mit dem neuen Licht ans Fenster und mach es Dir behaglich.

ZUR RUHE KOMMEN UND KRAFT SCHÖPFEN

Der Winter sei willkommen,
sein Kleid ist rein und neu!
Den Schmuck hat er genommen,
den Keim bewahrt er treu!

… heißt es in der 4. Strophe eines Kinderliedes. Die Natur macht es uns vor: Alles schläft – scheinbar – viele Tiere halten Winterschlaf, die Bäume haben ihre Säfte bis tief in die Wurzeln zurückgezogen. Hier sind sie geschützt und sicher vor dem Frost, um die gespeicherte Kraft im Frühjahr in frischen Knospen wieder nach außen zu bringen.

Genauso können auch wir die Dunkelheit und Stille nutzen, um wieder zu neuen Kräften zu kommen, nach einem erfüllten Jahr. In der heutigen Zeit sind viele von uns sehr auf Licht und Sonne fixiert, so dass wir uns Energie aus der Dunkelheit schwerlich vorstellen können. Jetzt ist ein guter Zeitpunkt, einmal unseren Kontakt zur Erde zu überprüfen bzw. zu erneuern. Erden können wir uns gut über die Nahrung. Wintergemüse, besonders Wurzeln, Eintöpfe, lange geschmorte oder gebackene Gerichte, wärmende Gewürze, all das gibt uns in der kalten Zeit die nötige Kraft. Auch helfen uns Imaginationsübungen, wie z. B. »fest verwurzelt wie ein Baum zu sein und kraftvolle Energie aus dem Boden zu holen«.

Die Erde scheint nun zum Kristall geworden zu sein, doch ganz stirbt das vitale Leben auch im Winter nicht. Tief drinnen im Schoß von Mutter Erde ruht das Samenkorn des kommenden

Advent

Es treibt der Wind im Winterwalde
die Flockenherde wie ein Hirt
und manche Tanne ahnt, wie balde
sie fromm und lichterheilig wird,
und lauscht hinaus. Den weißen Wegen
streckt sie die Zweige hin – bereit,
und wehrt dem Wind und wächst entgegen
der einen Nacht der Herrlichkeit.
Rainer Maria Rilke

Jahres, geht das Leben seiner Erneuerung entgegen. Dieser wesentliche Aspekt des Wintersolstitiums ist der »Keim des Neuen«, der Keim für die neue Jahresaufgabe, die sich zu Lichtmess am 2. Februar als Vision zeigen wird. Daraus hat sich das Orakeln entwickelt (wie z. B. das Bleigießen zu Silvester), um einen ersten Blick auf das Neue zu erheischen.

Doch wie draußen in der Natur braucht auch unser innerer Keim Ruhe und Dunkelheit, um zu reifen. Ein »Lassen«, kein »Tun«, vielleicht die schwierigste Aufgabe in unserer umtriebigen, lauten Welt.

Nutzen wir die »Stille Zeit«, um Kraft zu schöpfen! Es ist eine fruchtbare Zeit und das Wunder-volle daran ist: Wir brauchen nichts dafür zu tun, alles geschieht von ganz alleine.

Bei den Kelten wurde in diesen Tagen gefastet und es wurden Mistelzweige gegen die heftige kosmische Strahlung zu dieser Zeit (es fallen die meisten Sternschnuppen) über die Türschwelle gehängt. Ebenso alt ist die Tradition, sich den »Wintermaien«, einen immergrünen Zweig, ins Haus zu holen, der den ewigen Kreislauf des Lebens symbolisiert. Beliebt waren Ilex oder Eibe mit roten Beeren. Die Farbe Rot, die auch ursprünglich bei den Kerzen überwog, steht für das aufkeimende Licht, auf das so sehnsüchtig gewartet wird.

Innehalten und still werden,
ins Kerzenlicht schauen und besinnen,
an die Menschen denken, die nicht mehr bei uns sind,
an vergangene Feste, vergangene Jahre,
auf das Licht warten, tief in uns und draußen,
das Kind in uns einladen, seine Freude spüren,
ihm und der Welt die Liebe schenken, die wir so sehr brauchen.

… DANN STEHT DAS CHRISTKIND VOR DER TÜR

Nach der Sonnenwende ist nun das Weihnachtsfest nicht mehr weit. Im Christentum feiern wir am 25. Dezember die Geburt Christi vor zweitausend Jahren. Weihnachten ist das Fest, das neben Ostern die wohl größte Bedeutung im christlichen Jahreskreis hat. Die Erwartungshaltung ist bei vielen Menschen groß. Alles muss perfekt sein. Wir investieren eine Menge Zeit, Geld und Aufwand in Geschenke, Festmahl und Dekoration, damit wir am Heiligen Abend – oft ganz erschöpft – Weihnachten feiern können.

Die Frage ist: Was bedeutet Weihnachten für uns, für Dich? Sind es die Geschenke? Ist es die Erinnerung an längst vergangene Kindertage? Versuchen wir nicht jedes Jahr wieder, Weihnachten ganz ähnlich zu gestalten wie damals? Das Geheimnis dieses Festes bringt uns in Berührung mit der Geborgenheit, nach der wir uns sehnen, nach dem wirklich Zauberhaften und Wundervollen, das für uns als Kinder rund um das Weihnachtsfest war. Bei all dem, was ich hier aufgezählt habe, fehlt natürlich für einen Christen das Wichtigste: Das Geheimnis der Weihnachtsgeschichte »Euch ist heute der Heiland geboren!«, das bedeutet, dass die Geburt des Christusbewusstseins jedes Jahr erneut in uns gefeiert wird.

Das Bild des göttlichen Kindes hat der schlesische Mystiker Angelus Silesius mit den berühmten Worten beschrieben: »Wäre Christus tausendmal in Bethlehem geboren und nicht in Dir – Du bliebest doch in alle Ewigkeit verloren.« Dieses göttliche Kind in uns ist nur schwer in Worte zu fassen, C.G. Jung versteht es als das einmalige Bild, das Gott sich von uns gemacht hat. Wenn wir das Gefühl haben, im Einklang mit unserem wahren Selbst zu sein, wenn wir tiefen Frieden spüren, dann dürfen wir vertrauen, dass wir mit dem göttlichen Kind in uns in Berührung sind. Nach Hause kommen, das ist es, was das Kind von Betlehem uns allen schenken will. Weihnachten

möchte uns mit diesem Kind in uns in Berührung bringen, damit wir uns innerlich immer wieder erneuern und unsere Ursehnsucht leben: einfach nur da zu sein ohne uns rechtfertigen oder beweisen zu müssen.

Das Kind in der Krippe wird meist lächelnd dargestellt, es liegt einfach da und schaut in die Welt – dieses Kind ist reines Sein.

In der Christmette des Jahres 1881 erklang das Lied »Stille Nacht« zum ersten Mal in einer kleinen Dorfkirche in meinem Heimatland Salzburg. Es wurde aus der Not geboren, denn Mäuse hatten die alte Kirchenorgel kurz vor Weihnachten stillgelegt. Also griff der Lehrer Franz Xaver Gruber zur Gitarre und vertonte das Gedicht des Hilfspriesters Joseph Mohr. Gemeinsam sangen sie bei Kerzenschein »Stille Nacht, heilige Nacht« und berührten damit die Herzen der Menschen so sehr, dass das Lied schnell in die Welt getragen wurde.

Weihnachtslied

Vom Himmel bis in die tiefsten Klüfte
Ein milder Stern herniederlacht;
Vom Tannenwalde steigen Düfte
Und hauchen durch die Winterlüfte,
Und kerzenhelle wird die Nacht.

Mir ist das Herz so froh erschrocken,
Das ist die liebe Weihnachtszeit!
Ich höre fernher Kirchenglocken,
Mich lieblich heimatlich verlocken
In märchenstiller Herrlichkeit.

Ein frommer Zauber hält mich nieder,
Anbetend, staunend muss ich steh'n,
Es sinkt auf meine Augenlider,
Ein gold'ner Kindertraum hernieder,
Ich fühl's, ein Wunder ist gescheh'n.
Theodor Storm

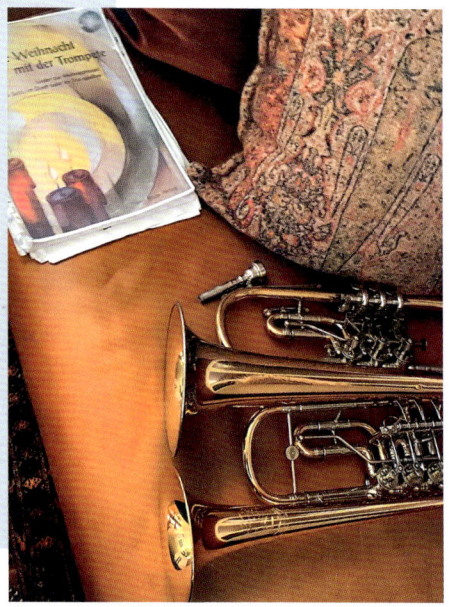

Kein anderes Weihnachtslied ist so berühmt und weit verbreitet wie »Stille Nacht« – es ist in mehr als 300 Sprachen übersetzt worden. Dieses einzigartige Lied vereint alle Menschen, weil es so schlicht ist und so wesentlich: In der Stille der Nacht wird Christus geboren, Weihnachten atmet diese Stille. Wenn wir zu singen beginnen, ergreift und berührt die Stille unsere Herzen. Weihnachten ist nicht nur ein Fest der Familie, es ist auch ein mystisches Fest. Wenn es still wird in uns, wenn wir aufmerksam horchen, kann Christus in unserem Herzen geboren werden. Dann wird die stille Nacht auch zu einer heiligen Nacht. Zu einer Nacht, die unseren Seelen Frieden, Hoffnung und Heilung schenkt.

Raunächte – Zeit des Übergangs

Mit der Wintersonnenwende verändert sich die Energie. Wir werden feinsinniger, horchen mehr nach innen und spüren eine tiefe Verbundenheit zu Natur und Dunkelheit. Jetzt beginnt eine Zeit der achtsamen Stille, in der wir uns gerne zurückziehen, meditieren, sinnieren, lange Spaziergänge machen, Rückschau halten, aufschreiben, bewusst Bilanz ziehen.

Heilige Nächte

Mit Weihnachten beginnen die Raunächte, die zwölf heiligen Nächte, die symbolisch für die zwölf Monate im Jahr stehen. In katholischen Gegenden heißen sie auch die »Zwölften«. Man nennt sie die »Zeit zwischen den Jahren«, »geschenkte Zeit« oder auch »Schwellenzeit«, in der sich die Schleier zu den anderen Welten lüften und Dunkel und Licht, Altes und Neues, Vergänglichkeit und Ewigkeit ineinanderfließen.

Alte Strukturen werden jetzt aufgebrochen, damit neue entstehen können. Ihren Ursprung haben sie in den beiden unterschiedlichen Zyklen der Natur, dem Lauf des Mondes und dem Lauf der Sonne. Zwölf Mondmonate haben 354 Tage, das Sonnenjahr hingegen zählt 365 Tage. Die Differenz von 11 Tagen bzw. 12 Nächten gilt von jeher als eine besondere und magische Zeit. Je nach Region und Brauchtum variiert die Anzahl der Nächte und auch ihr Beginn.

Am Heiligen Abend beginnen sich die Schleier zu heben, danach folgen zwölf Tage und Nächte, die am Morgen des 6. Jänner enden. Jede Raunacht beginnt um Mitternacht, umfasst den ganzen Tag und endet um Mitternacht, wobei die Übergänge fließend sind und sich nicht genau mit der Uhr messen lassen. Mit einem logischen, linearen Zeitverständnis lassen sich diese besonderen Nächte nicht erfassen.

Der Abend kommt

Der Abend kommt von weit gegangen
durch den verschneiten, leisen Tann.
Dann presst er seine Winterwangen
an alle Fenster lauschend an.

Und stille wird ein jedes Haus:
die Alten in den Sesseln sinnen,
die Mütter sind wie Königinnen,
die Kinder wollen nicht beginnen
mit ihrem Spiel. Die Mägde spinnen
nicht mehr. Der Abend horcht nach
innen, und innen horchen sie
hinaus.
Rainer Maria Rilke

◂ Palo santo – dieses harzreiche Heilige Holz duftet sehr aromatisch und eignet sich gut für Reinigungsrituale und Dankesräucherungen.

In früheren Zeiten verbrachte man die Raunächte im Kreise der Familie, um alte Weisheiten weiterzuerzählen, zu horchen und Einkehr zu halten. Das Orakel wurde befragt, um Sicherheit und Vision für das kommende Jahr zu bekommen. In vielen Kulturen gab es für die Zeit der Wandlung Rituale, die die Menschen in einen neuen Zustand begleitet haben. Diese Rituale halfen, sich vom Alten zu lösen, erlaubten eine Zeit der Einkehr und Besinnung und schenkten das nötige Wissen über das Neue. Wir haben kaum mehr Rituale, die uns an den Übergängen helfen, deshalb müssen wir sie in unserem Inneren vollziehen. Natürlich sollten wir uns nicht unter Druck setzen, ganz im Gegenteil. Der Zauber dieser Zeit lässt sich nur mit dem Herzen erfassen, nicht mit dem Verstand, es gibt auch kein Rezept und keine Anleitung, jeder darf seinen ganz individuellen Weg für diese innere Reise finden. Es gibt kein Richtig und Falsch, wir dürfen uns von unserem eigenen Gefühl leiten lassen, in die Stille gehen und offen sein für alles, was kommt.
Ein paar Vorbereitungen sind hilfreich, um sich ganz auf diese besondere Zeit einlassen zu können:

*Geduld ist das Schwerste und Einzige
was zu lernen sich lohnt.
Alle Natur,
alles Wachstum,
aller Friede,
alles Gedeihen und Schöne in der Welt
beruht auf Geduld,
braucht Zeit,
Stille
Vertrauen.
– Hermann Hesse –*

turbeobachtungen, alles, was Dich bewegt und worüber Du nachdenkst, schreiben und zeichnen kannst. Mach Dich auf den Weg und such Dir einen guten Platz in der Natur, Deinen persönlichen Kraftort, an dem Du Dich wohlfühlst und ganz für Dich sein kannst. Vertraue auf Deine Intuition, Du wirst spüren, wenn Du einen vor Dir hast.

Versuch möglichst alle Schulden zu begleichen, Geliehenes zurückzugeben, offene Versprechen einzulösen, alte Angelegenheiten zu klären und Frieden zu schließen, wenn es nicht schon vor Weihnachten geschehen ist. Bedank Dich bei den Menschen, die Dich durch das Jahr begleitet haben, gib alles weg, was Du nicht mehr brauchst, lüfte und putz Deine Wohnräume und schaff so Klarheit und Raum für Neues auf allen Ebenen.
Besorg Dir einen Vorrat an Kerzen, Teelichtern und Räucherwerk wie Palo santo, getrockneten weißen Salbei, Myrrhe, Weihrauch, Lärchenharz und Wacholder. Richte für die nächsten zwölf Nächte einen Räucherplatz in Deiner Wohnung ein, den Du ganz nach Deinem Geschmack dekorierst. Leg Dir ein Büchlein zurecht, in das Du Deine Träume, Erlebnisse, Na-

Fragen zur Zeitqualität

Mit den Heiligen Nächten beginnt die fünfte Jahreszeit, hier verändern sich Raum und Zeit und es entsteht ein neuer, offener Raum zur inneren Einkehr und Besinnung, um Abstand zu gewinnen vom Alltag. Eine Zeit, sich einige wesentliche Fragen zu stellen und Antworten zu bekommen.

- Wo in meinem Leben schlafe ich?
- Was ist mein Weg?
- Wo bin ich vom Weg abgekommen?
- Wo kämpfe ich einen Kampf, der nicht meiner ist?
- Was möchte ich endgültig verabschieden, nicht ins neue Jahr mitnehmen?
- (z. B. alte Muster, Glaubenssätze, belastende Beziehungen...)
- Wo brauche ich Neuorientierung?

RAUNÄCHTE SIND *EINE* ZEITQUALITÄT DES JAHRES

Sie sind ein Zyklus, eingebettet in einen großen Zyklus, in dem sie sich mit anderen Zyklen wie Perlen zu einer kostbaren Kette reihen. All diese Energiefelder schwingen in einer gemeinsamen Sinfonie. Unsere Vorfahren beobachteten über die Jahrtausende die Zusammenhänge zwischen Kosmos und Erde und übernahmen den immerwährenden Zyklus in der Natur auch für ihr Leben. So gibt es die Mond-Tage (Neumond und Vollmond), Portal- und Schwendtage und jene der Planetenkonstellationen, die wir aus der Astrologie kennen. Im Jahreskreis haben die Zeitqualitäten ganz spezielle Energien und zeigen uns unsere Themen, »erleichtern« die Erkenntnis und damit die ersten Schritte zur Veränderung.

Jeder Tag schwingt auch nochmal auf einer anderen Ebene, z.B. die Namensfeste oder andere Feiertage, die gefeiert werden.

Und dann ist da noch unser Geburtstag, in den Tagen um dieses Datum sind die Tore in unsere Innenwelt ganz besonders weit offen.

Nach alten Überlieferungen steht jede Raunacht für einen Monat des neuen Jahres, deshalb wurde in alten Zeiten jeder dieser Tage genau beobachtet und gedeutet. Verwende dazu Dein Tagebuch, halt immer wieder inne und nimm achtsam und bewusst wahr, was sich in den kommenden zwölf Monaten für Dich ändern darf. Gib den Gedanken und Gefühlen Raum, die Dich an diesen Tagen begleiten und setz bewusst Deine Samen für das kommende Jahr. Dann lass Dich mit offenem Herzen auf den besonderen Zauber ein, der in der Luft liegt. Geh in die Natur, stell Fragen und warte – Du wirst Zeichen und Antworten bekommen. Lass Wunder in Deinem Leben zu! Mögen die Heiligen Nächte nun beginnen und Dich in ein glückliches neues Jahr begleiten!

Ich wünsche Dir eine stille Zeit,
sie ist die Essenz dieser Zeit
zwischen den Zeiten.
Stille nach innen zu lauschen
Stille dem Außen zu begegnen
auf Deine eigene Weise.
Nichts muss sein, alles darf sein.

Es ist Zeitenwende.

Jeder Augenblick ist Dir geschenkt,
zum Horchen, zum Besinnen,
zum Klarheit finden.

Ein Jahr geht, ein neues kommt.
Dazwischen der Zwischenraum –
die Heiligen Nächte.

Raunächte – Zeit des Übergangs

ANLEITUNG

ZEIT ZUM ORAKELN UND TRÄUMEN

Diese spirituelle Zeit eignet sich sehr gut zum Orakeln, Beobachten und zum ausgiebigen Räuchern. Belastende Energien des vergangenen Jahres werden damit bereinigt und so Raum für Neues geschaffen. Alles, was Du dafür brauchst, sind Orakelkarten, verschiedenes Räucherwerk, das sowohl schlaffördernd ist als auch Deine Intuition und das Träumen unterstützen, wie z. B. Schafgarbe, echter Lorbeer und echter Baldrian, Dein Tagebuch, Notizblock und einen Stift.

Öffne vor dem Zubettgehen das Fenster und verräuchere Deine ganz persönliche Traummischung, denk dabei intensiv daran, dass Du Dir einen wichtigen Traum wünschst. Verwahre die Räucherschale danach an einem sicheren Ort, schließ das Fenster und leg Dich mit der festen Absicht zu Bett, im Traum Antworten zu bekommen. Notizblock und Stift liegen bereit.

Am nächsten Morgen ist es wichtig, Deinen Traum zu »fangen«! Notiere Dir beim Erwachen rasch die ersten Gedankenfetzen, die Du noch erinnern kannst. Das braucht etwas Geduld und Übung. Später hast Du Zeit, über die Träume nachzudenken, über die Handlungen und Personen, aber auch über Deine Gefühle. Versuch dann abzuleiten, was das Thema der Nacht war, z.B. Wut, Ohnmacht, Grenzen setzen, Vergebung …

Danach zieh eine Karte aus Deinem Kartendeck – Du kannst jeden Tag ein anderes nehmen, horch auf Deine Intuition! Schließ zuerst Deine Augen, atme ein paarmal ruhig ein und aus und wähle dann mit der linken Hand eine Karte. Schreib Dir die Botschaft auf.

Mach Dir untertags Notizen in Deinem Tagebuch, alles, was Dir auffällt, was Dich beschäftigt, Deine Stimmung, besondere Begegnungen, Gedanken…

Zieh dann abends schriftlich mit einem Satz Resumée zum Tag.

Dieses Ritual mit Räuchern, Traumfangen, Orakeln und Schreiben kannst Du nun jeden Abend bzw. Morgen wiederholen. Auch hier gilt, dass jede Nacht einen Monat des kommenden Jahres widerspiegelt. So stehen die Träume in der Nacht vom 25. auf den 26. Dezember für den Jänner des kommenden Jahres usw.

Und vergiss nicht jeden Abend einen Deiner 13 Wunschzettel zu verbrennen!

Die zwölf Heiligen Nächte und ihre Essenz

Es mag verwundern, dass es so viele unterschiedliche Interpretationen gibt, wann die Raunächte beginnen und welche Bedeutung jede einzelne hat. In alten Zeiten gab es die dunkle und die helle Jahreszeit, wobei die dunkle Zeit auch als »Nächte« bezeichnet wurde. Insofern beschreibt »eine Nacht« in der Winterzeit durchaus 24 Stunden. Dennoch gibt es auch eine Tages- und eine Nachtzeit. In der Nachtzeit war die Wilde Jagd unterwegs, die Percht und die guten und bösen Geister, diese erleben wir heute manchmal noch in unseren Träumen.

Während der Tageszeit hielten die Menschen Ausschau nach Zeichen, sie beobachteten den Wind, das Wetter, das Verhalten der Tiere und alles, was ihnen auffällig erschien. Nichts anderes tun wir heute auch, nur dass wir im Außen und im Innen Ausschau halten. An dieser Stelle möchte ich Dich dazu ermuntern, Dich in Gelassenheit zu üben, einfach Beobachter zu sein – nichts zu erwarten, jedoch dankbar für alles zu sein. Niemand »besitzt« die eine Wahrheit, alle Impulse mögen Anregungen sein als fühlende Verbindung hin zum kommenden Jahr – mit dem Augenblick schon jetzt verbunden, indem wir das Ganze umarmen. So öffnest Du Dich innerlich für den Raum jenseits von heute und baust Dir die Brücke hin zum kommenden Jahr. Und einmal mehr – erlaub Dir spielerisch zu sein, bleib entspannt, Du kannst keine Fehler machen!

WURZELN UND WEIBLICHE KRAFT – 25. DEZEMBER

Der 25. Dezember ist der erste Weihnachtsfeiertag, den wir meist mit der Familie verbringen. Er ist unseren Wurzeln und dem Ausgangspunkt unseres Lebens hier auf Erden gewidmet. Es geht also zu Beginn der Raunächte um Deine Ursprungsfamilie und Deine Ahnen, denn Du kannst nur wachsen und Dich in den Himmel strecken, wenn Deine Wurzeln stark und gesund sind. Und es geht auch um die Mutter, verkörpert durch Maria, die eine beschwerliche Reise, eine lange Herbergssuche und eine Geburt hinter sich hat. Diese weibliche Mutterkraft symbolisiert Mutter Erde, die unser Leben nur durch ihr Sich-bedingungslos-Verschenken möglich macht. Denken wir dabei auch an unsere eigene Mutter und bedanken

wir uns für das Leben, das sie uns geschenkt hat!

Diese Raunacht ist eingebettet in die Energie der Liebe und Achtsamkeit für jegliche Existenz und steht für den Monat Jänner. Der Jänner ist der erste Monat im Jahreszyklus und fühlt sich dennoch wie ein Zwischenzustand an, denn obwohl die Vorsätze für das Jahr gefasst sind, brauchen wir noch Geduld bis die Zeit reif ist dafür. Und so passt dieser Tag genau zum Start in den Zwischenzustand der Heiligen Nächte. Er dient der Einstimmung und Vorbereitung auf die nächsten Tage, so wie der Jänner eine Vorbereitungszeit für das neue Jahr sein kann.

Anregung für den Tag

Schau auf Deine irdischen Wurzeln, Deine Familie – was gibt Dir Halt?

Was nagt an Deinen Wurzeln, was möchte Heilung erfahren? Nimm Dir Zeit und stell Dir Deine Wurzeln vor. Woraus schöpfst Du Kraft? Was sind Deine Anker? Mit Hilfe Deiner Engel kannst Du eine gute Basis für Dein Sein schaffen.

Zünd für alle, die Du liebst, eine Kerze an und segne sie von ganzem Herzen. Lass ein Nachtlicht für Deine Ahnen brennen.

Danke Mutter Erde für ihre Fürsorge und schenk den Wesen der Natur eine Kleinigkeit. Leg Dein Geschenk mit guten Wünschen an die Wurzeln eines Baumes.

Viele Rituale beginnen mit einer Reinigung als bewusste Einstimmung und um Klarheit und Ordnung im Innen und Außen zu schaffen. Öffne heute alle Fenster und Türen und lüfte kräftig durch. Entzünd danach ein Büschel weißen Salbei und fächere den Rauch mit der Hand über Deinen ganzen Körper. Dann geh langsam eine Runde durch Dein Zuhause mit der Intention, dass durch den Rauch des weißen Salbeis alle Energien gereinigt und geklärt werden. Beende Dein Ritual vor der Haustüre.

Höre, mein Herz, wie sonst nur Heilige hörten.
... das Wehende höre, die ununterbrochene Nachricht,
die aus Stille sich bildet.
— Rainer Maria Rilke—

Notiere besondere Gedanken, Gefühle, Begegnungen und Träume in Dein Tagebuch. Hab einen erhellenden Tag und eine ebensolche Nacht!
Segne jeden neuen Tag am Morgen und öffne Dich achtsam für die kleinen und großen Geschenke, die am Rand Deines Weges warten. Freu Dich über alle »Zufälle«, die Dir begegnen. Jeder Tag ist ein Geschenk der Schöpfung an Dich, jeder Atemzug trägt Dich auf Deinem Weg.

DER INNEREN FÜHRUNG VERTRAUEN – 26. DEZEMBER

Der heutige Feiertag, der Namenstag des Heiligen Stephanus, schenkt uns Gelegenheit, uns mit der Quelle in unserem Inneren zu verbinden und unserer inneren Stimme zu lauschen. Nicht von ungefähr werden die Raunächte mancherorts als »Innernächte« bezeichnet, denn erst in der Stille können wir uns selber hören. Es ist laut geworden, unser Leben, doch tief in uns ist immer etwas still. Es ist der leise, unbewegte Urgrund, es ist der Ort, an den uns Urteile und Lärm nicht mehr folgen können, an den wir jederzeit heimkommen dürfen.
Einfach nur tief und sanft ausatmen und durch die Lücke zwischen den Gedanken in die Tiefe sinken, über die Schwelle des Mysteriums treten, in die Stille, in das, was vollkommen ist – in DICH!
In dieser Stille wird sich intuitiv zeigen, was für Dich wichtig und heilsam ist, jenseits des Denkens und Planens. Hier ist der Raum für Bilder und Träume, für tiefe innere Sehnsucht. Dieser Raum ist immer da, es ist der Raum zwischen einem Ende und einem neuen Anfang, zwischen einem Atemzug und dem nächsten, zwischen Wachen und Schlafen. Es ist der Raum der Raunächte, der Zwischenzustand – die Tibeter nennen ihn »Bardo«. Diese Raunacht gibt Ausblick auf den Februar, die Zeit des Faschings. Heute geht es darum unsere Masken abzulegen und ungeschminkt in den Spiegel der Wahrheit zu schauen.

Anregung für den Tag

Zieh heute verschiedene Orakelkarten, wie z. B. Engel, Tiere, Bäume, Symbole mit der Frage »Wer begleitet mich ins neue Jahr?« und richte Dir einen besonderen Ort in Deiner Wohnung mit diesen Kräften ein oder bastle eine Collage, die Dich stets daran erinnert, dass Du beschützt und gesegnet bist.

Stärke Deine innere Stimme, bitte darum, dass Du sie immer deutlicher wahrnehmen kannst. Worauf suchst Du eine Antwort? Stell Deine Frage, werde still und lausche in Dich hinein. Nimm Dir Zeit dafür, achtsam und respektvoll. Vertrau Deiner Intuition und dem liebenden Bewusstsein, die Dich unterstützen, eines Tages in die Antwort hineinzuwachsen.

Gibt es Masken, die Du trägst? Kannst Du sie fallen lassen?

Was hindert Dich daran, Deine Wahrheit zu leben?

Welche Samen willst Du in Deinem Herzen zum Wachsen und Gedeihen bringen?

Eine Räuchermischung aus 1 Teil Weihrauch und 2 Teilen Zedernholz wirkt beruhigend und hilft Dir dabei, in die Stille zu gehen.

Notier Dir besondere Gedanken, Gefühle, Erkenntnisse und Träume in Dein Tagebuch.

Ich wünsche Dir einen wunder-vollen stillen Tag und eine zauberhafte Nacht.

ÖFFNE DEIN HERZ UND LASS WUNDER ZU – 27. DEZEMBER

Heute ist ein guter Tag, sich der Herzensenergie zu widmen. Es ist der Namenstag des Apostels Johannes, der als engster Freund und Vertrauter von Jesus für Liebe und Fürsorge steht. Es geht darum, tief in unser Herz zu horchen und die Wünsche und Ziele zu erfühlen, die wirklich in unserem Herzen wohnen und aus der Seele aufsteigen. Wenn Du möchtest, kannst Du Deine Wünsche auch als Gebet sprechen. Verbinde Dich dazu mit einer Dir nahestehenden spirituellen Kraft – mit Gott, einem Engel oder Schutzheiligen und rufe diese Kraft an.

Du kannst Deine ganz eigene Formulierung, Deine Art und Weise dafür finden. Zünd für jeden Wunsch ein Licht an und gib ihn ab.

Viele Mythen erzählen, dass das Tor zur geistigen Welt nun weit geöffnet ist. Allerdings können wir das, was jenseits des Sichtbaren liegt, nur erkennen, wenn wir uns bewusst dafür öff-

nen. Geh heute mit Deiner ganzen Aufmerksamkeit nach innen, lass Computer, Handy und TV ruhen und sei präsent im Hier und Jetzt. Gib dem, was sich zeigt, zwischendurch immer wieder Raum – schau zum Fenster hinaus in den Himmel, beobachte Tiere oder geh spazieren. Auf diese Weise kannst Du lernen, Zeichen zu deuten und Kontakt zur geistigen Welt aufzunehmen. Denn inmitten der scheinbaren Stille herrscht auf den feinstofflichen Ebenen reges Treiben, es heißt, dass man sogar die Tiere sprechen hören könne.

Der heutige Tag korrespondiert mit dem März, in dem sich die Natur zum Durchbruch bereit macht und erneuert. In diesem Monat erwarten wir ungeduldig den Frühling, der am 21. März mit der Tagundnachtgleiche beginnt. Allem die Zeit zu geben, die es braucht, zuzuschauen was geschieht, fordert oftmals unsere Geduld, hilft uns aber die Wunder der Natur zu erkennen.

Anregung für den Tag

Nimm Dir Zeit für Deine Herzensfragen, schließ die Augen und geh mit Deiner Aufmerksamkeit zu Deinem Herzen hin. Leg Deine Hände sachte auf Dein Herz und versuch die Berührung, ihre Wärme und Deinen Atemrhythmus bewusst zu spüren. Wie fühlt es sich an, auf diese Weise zum Herzen hin zu lauschen?

Und dann frag: »Mein liebes Herz, wie geht es Dir? Ich möchte spüren, was Dich bewegt, was willst Du mir sagen?« und lausche. Stell alle Fragen, die jetzt ganz spontan auftauchen und nimm die Antworten wahr und wichtig. Mach Dir anschließend Notizen in Deinem Tagebuch!

Komm heute immer wieder ganz zu Dir, schließ die Augen und atme ruhig ein und aus. Horch auf das Zusammenspiel von Deinem Atem und Deinem Herzschlag und lass so einen Raum der Stille und des inneren Friedens entstehen.

Für eine herzöffnende Räucherung kannst Du Lavendelblüten, Rosenblätter und etwas Fichtenharz verwenden. Entzünde ein Teelicht im Räucherstövchen oder ein Stück Räucherkohle. Nimm die Blüten in die Hand, atme ihren Duft und bitte sie, Dich zu unterstützen. Dann leg sie vorsichtig auf das Kräutersieb oder die Kohle. Lass den aromatischen Rauch aufsteigen und fächere ihn über Dein Gesicht und Deinen Körper. Stell Dir dabei vor, dass sich Dein Herz wie eine Blüte öffnet, Blütenblatt für Blütenblatt. Zuletzt bedank Dich bei den Blüten für ihre Unterstützung und genieß die feine Stimmung.

Hab eine gute Zeit mit Dir!

AUFLÖSEN UND TRANSFORMIEREN – 28. DEZEMBER

Tag der Heiligen und Tag der unschuldigen Kinder – in der Heiligen Schrift ist überliefert, dass König Herodes alle bis zu zwei Jahre alten Knaben töten ließ, um so den neugeborenen Jesus zu eliminieren, durch den er seine Herrschaft bedroht sah. Nach altem Glauben ziehen in dieser Nacht die Seelen der unschuldigen Kinder unter dem Schutz von Frau Holle umher. Vorsorglich wird ihnen Suppe und Wasser vor die Türen gestellt.

Der 28. Dezember erinnert uns daran, dass wir alle unschuldige Kinder sind und gleichzeitig schuldhafte Wesen, die immer wieder Fehler machen durch ihr Sehnen und Streben nach Perfektion und Vollendung. Heute ist eine Wandlungsnacht, in der wir alles, was in den vorangegangenen Nächten unausgesprochen oder unerledigt blieb, wiedergutmachen, auflösen und bereinigen können. Damit können wir Negatives in Positives verwandeln und die Weichen für das kommende Jahr neu stellen. Heute steht in Resonanz zum April mit seinen ständigen Wetterkapriolen und seiner unberechenbaren Wechsellaune. Wir brauchen den Wandel, damit Neues entstehen kann, alles verändert sich – dauernd. Veränderungen bringen Freude über das Neue und Trauer über den Verlust mit sich, erwecken Furcht und Neugier in uns. Die Raunächte helfen uns mit diesen Gefühlen in Kontakt zu kommen, denn sie sind eine Übergangszeit: Das alte Jahr geht, Silvester steht kurz bevor, das neue Jahr ist noch nicht da. In diesem »Zwischenraum« mag so manche Unsicherheit auftauchen, denn wir wissen nicht, was auf uns zukommen wird. Inmitten all dieser Gefühle gelassen zu bleiben, kann uns helfen, innere Ruhe und Wohlbefinden zu bewahren.

Anregung für den Tag

Heute geht es ganz konkret um Transformation, Auflösen, Umwandeln und Bereinigen. Widme Dich diesen Gedanken und schau auf die letzten Tage zurück. Was ist Dir in diesen Tagen in den Sinn gekommen, mit dem Du noch nicht in Frieden bist? Oder hattest Du vielleicht schlechte Träume und Begegnungen? Was gibt es in Deinem Leben, was Du schon lange vor Dir herschiebst, was nicht bereinigt ist? Heute ist ein guter Zeitpunkt, Dinge aufzulösen, zur Heilung zu bringen. Mach Dir eine Liste von allem, was Dir in den Sinn gekommen ist. Vielleicht entdeckst Du auch den ein oder

anderen alten, begrenzenden Glaubenssatz dabei. Schreib ihn auf! Und dann formuliere etwas Positives daraus, schreib einfach alles um. Verwandle Deine Glaubenssätze in positive Affirmationen. Mach Dir Gedanken, wofür der Weg frei wird, wenn sich etwas auflöst. Dann verbrenne die Negativliste mit der Bitte um Transformation. Stell Dir vor, wie der Segen von oben herabfließt und Deine positiven Bilder zu einer neuen Vision für das kommende Jahr wandelt.

Heute ist der Tag der Heiligen. Heilige sind Lichtbrüder und -schwestern, die es in jeder Kultur gibt. Viele Heilige wie Mutter Maria, der Heilige Josef, Stephanus, Johannes und Thomas begleiten die Raunächte und wirken aus dem Licht der Liebe. Gibt es eine Heilige, einen Heiligen, den Du besonders magst und der Dich schon lange begleitet? Welcher Heilige ist Dein Namenspatron? Nimm heute Kontakt mit ihm auf und schau, welche Botschaft, welchen Rat er für Dich hat. Zünd ein Licht für Dich und andere an, die gerade Hilfe brauchen und bitte um Beistand. Vielleicht erscheint auch ein anderer Heiliger, der Dich durch das neue Jahr führen will?

Stell ein Bild Deines Heiligen an Deinem Meditationsplatz auf und schreib vor dem Schlafengehen noch ein paar Gedanken zum heutigen Tag in Dein Tagebuch.

SELBSTLIEBE UND FREUNDSCHAFT – 29. DEZEMBER

Heute ist ein guter Zeitpunkt, um Dich mit Deinen Beziehungen zu beschäftigen. Es ist der Namenstag des Hl. Thomas, er ist der »Zwilling« – es geht also um Deinen »Seelenzwilling« und damit als erstes um Selbstliebe.

Der Weg zur Selbstliebe ist ein lebenslanger Prozess, der immer leichter wird, je mehr wir in eine wohlwollende Selbstwahrnehmung kommen. Nichts ist von so entscheidender Bedeutung für unser Leben, wie die Liebe zu uns selbst. Niemand kann uns geben, was wir selbst uns nicht schenken und niemand kann dauerhaft die Lücke füllen, die Mangel an Selbstliebe in unserem Herzen hinterlässt. Wenn wir offenen Herzens durchs Leben gehen, sind wir in Verbindung mit dem, was uns ausmacht, unserem wahren Selbst. Selbstliebe hat mit Selbstannahme zu tun und bedeutet nicht Egoismus, sondern das Bewusstsein dafür, was für uns richtig und wichtig ist.

Immanuel Kant meinte, es gäbe eine Verpflichtung zum Glücklichsein, indem er sagte: »Wenn Du selbst nicht glücklich bist, wirst Du auch Deine Mitmenschen nicht glücklich machen. Nur das, was für Dich selbst gut und stimmig ist, wird auch für den anderen gut sein.« Heute ist Zeit, liebevoll auf Dich selbst zu schauen, gut für Dich zu sorgen, vielleicht etwas zu vergeben, um dann Freundschaften zu betrachten und zu ehren. Im Jahreslauf sind wir im Wonnemonat Mai angekommen, dem Monat des üppigen Blühens, in dem das Leben wieder leichter wird. Fortuna gießt ihr Füllhorn an Düften und Farben über uns aus.

Anregung für den Tag

Bereite Dir eine Tasse Tee aus den duftenden Kräutern zu, die Du im Herbst gesammelt hast.

| ÜBUNG |

IN DIR SELBST ANKOMMEN

*Und ich erkannte, dass sie die Stille nötig hatten.
Denn nur in der Stille kann die Wahrheit eines jeden
Früchte ansetzen und Wurzeln schlagen.*
— Antoine de Saint-Exupery —

Durch die Herausforderungen des Alltags, das ständige Getriebe um uns herum, verlieren wir oft das Gefühl für unseren eigenen Rhythmus. Darum ist es so wichtig, immer wieder bewusst innezuhalten, den inneren Anker zu werfen und ganz einzutauchen in die eigene Tiefe. Wenn wir lernen in uns hineinzuhorchen, unsere innere Stimme zu hören und unserer Intuition zu folgen, dann finden wir den richtigen Pfad der Stille. Dann können wir zu unserer Insel der Ruhe gelangen und Kraft schöpfen, denn die Stille, um die es hier geht, ist nicht die Abwesenheit von Geräuschen, es ist eine innere Stille. Meditation ist ein Weg zur Mitte, »re-medium« das lateinische Wort für Heilmittel, bedeutet »zurück zur Mitte«, also könnten wir diesen Weg der Achtsamkeit gehen und heil werden.

AUF DER SUCHE NACH LIEBE HABEN WIR UNSERE HERZEN VERSCHLOSSEN UND DABEI GANZ VERGESSEN, DASS DIE LIEBE NUR OFFENE HERZEN FÜLLEN KANN.

Zünd eine Kerze an, schalte Dein Handy ab und verwende Räucherstäbchen, wenn Du magst. Nimm nun den Augenblick der Stille bewusst wahr, spür Deine Atemzüge und schenk ihnen Deine ganze Achtsamkeit.

Setz Dich dann aufrecht hin, die Füße hüftbreit auseinander, die Fußsohlen parallel mit gutem Kontakt zum Boden.

Spür die Fersen und die großen Zehen gut auf dem Boden aufliegen.

Dann entspann bewusst den Bereich beider Knöchel, entspann beide Knie, leg Deine Hände locker auf den Oberschenkeln ab, die Handflächen zeigen nach oben.

Spür Deine beiden Sitzknochen auf der Unterlage und pendle Deine Wirbelsäule langsam in ihrer Mitte ein.

Nun entspann zwischen Deinen Augenbrauen, sodass die Stirn weit wird und lass die Augen zugehen.

Jetzt entspann Deinen gesamten Bauch-, Brust- und Schulterbereich und auch den Nacken, zieh Dein Kinn leicht an, lass Deinen Unterkiefer

locker werden, indem Du leicht den Mund öffnest und leg die Zunge an den Gaumen.

Nimm nun einen tiefen Einatemzug und mit dem Ausatem lass los von all dem, was Dich noch beschäftigt, alle Gedanken, Gefühle dürfen weiterziehen wie die Wolken am Himmel.

Atme sanft und gleichmäßig durch die Nase ein und aus, lass Deinen Atem frei fließen, wie die sanfte Dünung des Meeres kommen und gehen Deine Atemwellen... Spür, wie Du Dich langsam sammelst und komm so immer mehr zu Dir – einfach ankommen, zur Ruhe kommen.

Es gibt nichts zu tun, als einfach nur DA zu sein und das Kommen und Gehen Deines Atems wahrzunehmen, in die Stille hineinzulauschen, ihr nachzuspüren ...
einfach nur DA sein ...
sitzen in STILLE ...

Beende die Meditation, indem Du Deinen Körper wieder bewusst wahrnimmst und wenn Du bereit bist, atme ein paarmal tief ein und aus, mach sanfte Bewegungen mit den Fingern und öffne Deine Augen.

Nimm Dir, wenn möglich, jeden Tag zehn Minuten Zeit für diese Stilleübung, am besten am frühen Morgen oder in den späten Abendstunden.

Du kannst die Zeit auch nach und nach ausdehnen, wenn sie Dir guttut.

Wollen wir eine Brücke schlagen
von Mensch zu Mensch –
dies gilt auch für eine Brücke
des Erkennens und Verstehens –
so müssen die Brückenköpfe eben nicht die Köpfe,
sondern die Herzen sein.
– Viktor Frankl –

Mach es Dir gemütlich, zünd eine Kerze an und leg Tagebuch und Stift bereit. Dann schau noch einmal auf das Jahr zurück und lass all Deine Höhen und Tiefen, Deine Fehler, Deine Erfolge und das, was Du gut und richtig gemacht hast, auftauchen. Wo hast Du Dir selbst nicht vergeben? Was liebst Du alles an Dir? Betrachte Dich für mindestens fünf Minuten in einem positiven Licht. Was möchtest Du im neuen Jahr mehr leben? Worauf möchtest Du stärker achten?

Schreib Dir nun Deine wichtigsten Beziehungen auf und notier Dir, warum sie so wertvoll für Dich sind. Welche Beziehung möchtest Du vertiefen? Welche möchte geklärt und gereinigt werden? Vielleicht gibt es Freundschaften, die zerbrochen sind. Schau, was es braucht, damit es in Dir Lösung, Heilung und Frieden findet. Gibt es Beziehungen, die sich im Wandel befinden oder nun endgültig losgelassen werden wollen? Bereinige Dein inneres Feld, vergib, versöhne, lass los in Verständnis und Sanftmut, damit tiefe neue Erfahrungen der Liebe und Freundschaft im neuen Jahr für Dich möglich werden.

Lass Deine Freunde wissen, wie sehr Du sie liebst, schätzt und achtest. Wähl die für Dich stimmige Weise dafür – eine liebe Geste, ein Anruf, ein handgeschriebener Brief – alles, was von Herzen kommt, ist willkommen.

*Mitten im Winter habe ich
endlich gelernt,
dass es in mir einen unbesiegbaren
Sommer gibt.*
— *Albert Camus* —

ZUR ERINNERUNG

Raunächte sind Zeitqualitäten und folgen dem Auftrag Dir zu dienen. Es geht dabei um Erkenntnis und Entwicklung und darum sich dem höchsten eigenen Potenzial nicht nur zu öffnen, sondern es auch zu leben.

Bleib ganz entspannt und sei offen für alles, was Dir begegnet. Nicht alle Tage zeigen sich für alle Menschen gleich. Nicht allen Themen begegnen wir mit derselben Resonanz. Wir sind alle verschieden, haben verschiedene Leben und Geschichten. Deshalb sind nicht alle Tage gleich, mal empfinden wir sie ruhig, mal sind sie intensiver und dichter. Und auch das ist von Mensch zu Mensch unterschiedlich. Es gilt einfach dem Lauf der Dinge zu vertrauen, so wie im Leben auch. Mach Dir bewusst, dass Du während dieser Tage nur Informationen »sammelst«. Weite Deinen Blick und damit Deinen Horizont. Alles, was Du erlebst, träumst oder denkst, ist ein Hinweis und dient der Erkenntnis, wenn innere Resonanz entsteht.

Am Ende der Raunächte fügen sich alle Details zu einem großen Bild und Du kannst darin den Auftrag fürs neue Jahr erkennen.

BEREINIGEN UND ALTES ABSCHLIESSEN – 30. DEZEMBER

Wir sind nun in der Mitte der Raunächte angelangt, Zeit Bilanz zu ziehen und so manches noch zu bereinigen. Das Jahr geht zu Ende und alle Jahre wieder werden Vorsätze für das neue Jahr gefasst. Doch jeder von uns hat schon die Erfahrung gemacht, dass diese nicht lange halten. Darum ist es viel sinnvoller, das alte Jahr noch einmal Revue passieren zu lassen, sich zu überlegen, was Gutes, Freudiges passiert ist, was Neues entstehen durfte, was verabschiedet wurde, welch Glück, Erfolg sich eingestellt hat, welche Hürden gemeistert wurden – Bilanz ziehen in einem Rückblick der Dankbarkeit. Heute ist ein idealer Zeitpunkt für den Abschluss offener Projekte, um Geborgtes zurückzugeben und Schulden zu begleichen. Alles, was nicht ins neue Jahr mitgenommen werden sollte, kann jetzt noch zu Ende gebracht werden, damit Raum für Neues entsteht.

Auch die Wohnung aufräumen, gründlich saubermachen, lüften und danach ausgiebig räuchern tut heute gut. Diese Raunacht steht für den Monat Juni, in dem der Frühling in den Sommer übergeht. Die Tage werden immer länger, bis die Sonne am 21. Juni ihren höchsten Stand erreicht hat: Mittsommernacht oder Sommersonnenwende, der längste Tag und die kürzeste Nacht des Jahres, ist das Gegenstück zur Wintersonnenwende, die wir gerade gefeiert haben.

Anregung für den Tag

Geh hinaus in die kalte Winterlandschaft oder mach es Dir bei einer Tasse Tee gemütlich und zelebriere diese Raunacht mit einer ruhigen Stunde, in der Du in Gedanken durch die vergangenen Monate wanderst.

Dann schreib alles auf, was Du in diesem Jahr gut gemacht hast, welche Wünsche sich erfüllt haben, welche Ziele Du erreicht hast.

Was waren Deine Herausforderungen in diesem Jahr? Krankheiten oder unerwartete Ereignisse?

Was hast Du gelernt über Dich, über die Menschen um Dich herum, über die Welt?

Welche Ereignisse waren besonders eindrücklich für Dich? Geburten, Hochzeiten, Abschied und Tod?

Was ist noch offen? Was nimmst Du mit ins neue Jahr an Versprechen, Rechnungen und anderen Vorhaben?

Was möchtest Du im alten Jahr lassen?

Wenn Du fertig bist, schließ Deine Augen, atme ruhig, sink aus Deinem denkenden Verstand in den Raum Deines Herzens und würdige alles, was geschehen ist. Dann bedank Dich für die Ereignisse, die Führung und Fügungen und segne das alte Jahr mit allem, was war.

Mach eine Collage: Nimm dazu einen großen Bogen Papier und kleb ein Foto von Dir, das Du gerne magst, in die Mitte. Kleb nun Fotos, Bilder aus Zeitschriften, Symbole oder Worte rundherum, die Deine innigsten Wünsche für die kommende Zeit ausdrücken.

Wichtig ist, dass Du Deine Collage danach gut aufbewahrst und frühestens nach einem Jahr nachschaust, welche Deiner Wünsche in Erfüllung gegangen sind. Die bildhafte Sprache einer Collage hat eine tiefe Wirkung auf unser Unterbewusstsein und unterstützt uns dabei in die gewünschte Richtung zu gehen. Außerdem legen wir so unsere tiefsten Wünsche vertrauensvoll in die Hände einer höheren Kraft und lassen sie damit los.

*Wer die Gegenwart genießt,
hat in der Zukunft
eine wundervolle Vergangenheit.*

DAS ALTE GUT ZU ENDE BRINGEN – 31. DEZEMBER

Das Ende des Alten ist immer der Beginn des Neuen. Noch bevor zu Silvester um Mitternacht das neue Jahr anbricht, gilt es eine ehrliche Bilanz des alten Jahres zu ziehen und ihm Anerkennung zu schenken, um für Neues Raum zu schaffen.

Der 31. Dezember ist ein ganz besonderer Tag, ein Schwellentag – Silvester, der Übergang in ein neues Kalenderjahr. Wir gehen den Torweg vom vergangenen Jahr in ein neues Jahr und es gilt, bewusst und achtsam über diese Schwelle zu gehen. Es ist ein guter Tag, noch einmal reinigend durch das eigene Leben und die Räume zu gehen. Was gibt es noch zu vergeben? Was braucht noch einen Abschluss oder einen Segen? Was ist nun für immer beendet? Es ist ein idealer Zeitpunkt Frieden zu schließen mit dem Unabänderlichen, sich von allem zu trennen, was nicht mehr dient, Altes loszulassen und das Neue willkommen zu heißen.

Der Klarheit im Außen folgt die Klarheit im Innen. Oft wird zu Silvester orakelt, in gemeinsamer Runde befragt man die Karten oder gießt Blei, um die gegossenen Figuren danach gemeinsam zu deuten. Diesen Brauch gab es schon bei den Römern, heute ist Blei offiziell verboten, stattdessen wird oft Kerzenwachs verwendet. Früher wurden um Mitternacht lärmende Umzuge gemacht, um das Alte zu vertreiben. Heute werden weltweit große Feuerwerke abgeschossen, um die Freude über das beginnende neue Jahr zu feiern. Es wird der Countdown gezählt, wir lassen Sektkorken knallen, stoßen auf das neue Jahr an und wünschen einander viel Glück und Segen für alles,

*Zwischen den Jahren
entsteht ein Raum
zum Zurückschauen,
zum Erinnern und zum
Verabschieden,
zum Wahrnehmen, was IST,
jetzt, in diesem Augenblick
und zum Nachvorneschauen
und von ganzem Herzen
neu beginnen*

was kommen mag. Der Zenith der Raunächte ist überschritten, die Silvesternacht steht mit dem Monat Juli in Verbindung, der schon zur 2. Jahreshälfte gehört.

Anregung für den Tag

Räuchern – Nimm Dir Zeit, öffne alle Fenster und Türen, gib weißen Salbei in ein Räuchergefäß, das Du tragen kannst und zünde ihn an. Hülle zuerst Dich selbst in seinen heilsamen Rauch und geh dann durch alle Räume, indem du alles, was sich überlebt hat oder schwierig war, entlässt. Beende das Räuchern mit einem Segenswunsch, z. B. »Liebe und Frieden mögen hier einkehren«.

Lass die Fenster noch offen, damit der Wind alles Alte mitnehmen und alles Glück hereinbringen kann und schließ sie erst, wenn Du das Gefühl hast, dass es nun gut ist.

Orakeln – Nimm intuitiv zwölf Tarotkarten, die für jeweils einen Monat im neuen Jahr stehen sollen und leg sie zunächst verdeckt im

Kreis hin. Beginn im Norden mit der ersten Karte, die für den Jänner steht und leg dann die anderen Karten im Uhrzeigersinn als Jahreskreis. In die Mitte leg eine Karte für Dich selbst als Symbol für die Energie, die im neuen Jahr besonders wichtig für Dich sein wird. Schließ kurz die Augen und stimm Dich auf das Jahr ein, dann dreh eine Karte nach der anderen um und schreib auf, welche Karte Du für welchen Monat gezogen hast.

Segnen – Nimm Dir noch etwas Zeit für Dich, setz Dich in Stille hin und zünd eine Kerze an. Dann segne alles, was Du in diesem Jahr geschenkt bekommen hast, jeden Augenblick des Glücks, Deine Familie, Freunde, Mitmenschen, Tiere, Deine Arbeit – alles, womit du verbunden bist. Stell Dir Deinen Segensstrom so intensiv vor wie möglich, lass ihn hell erstrahlen und in alles fließen, wofür du dankbar bist, auch in Dich selbst.

Dann wende Dich dem neuen Jahr zu und lass Deinen Segen ganz bewusst in jeden einzelnen Monat des neuen Jahres strömen, sei mit Deiner ganzen Aufmerksamkeit bei Deinen Gedanken und Gefühlen und bitte um Schutz und gutes Geleit.

Möge der Segen in das neue Jahr strömen
und Dich auf Wellen der Liebe,
der Zuversicht und Hoffnung tragen.
Mögen Dich Verbundenheit und Liebe
zur rechten Zeit an den richtigen Ort führen,
um das Richtige zu tun.

Neujahr bis Mariä Lichtmess

Und plötzlich weißt Du:
Es ist Zeit etwas Neues
zu beginnen und dem
Zauber des Anfangs zu vertrauen.
– Meister Eckart –

Januar – und jedem Anfang wohnt ein Zauber inne ...

Janus, ursprünglich ein römischer Licht- und Sonnengott, später Gott der Türen, Schwellen und Tore, ist der Namensgeber des ersten Monats im Jahr. Er hatte zwei Gesichter und damit zwei Blickrichtungen: nach hinten und innen auf die Vergangenheit, das Alte, gerichtet und nach vorne und außen auf das Neue, die Zukunft. Er galt auch als göttlicher Beschützer aller Anfänge.

Dem Kalender nach ist Winter, die äußere Natur liegt in völliger Lebensstarre darnieder und die kälteste Zeit des Jahres beginnt – kälter und karger kann es nicht mehr werden. Über dem gefrorenen Boden liegt eine kristalline Schneedecke, die Wasser sind von Eis bedeckt, die ganze Erde scheint zum Kristall geworden zu sein, Stille breitet sich aus, die Lebenswärme ist gewichen. Viele Tiere haben sich zum Winterschlaf zurückgezogen, leben von ihren Vorräten und bewegen sich kaum oder langsamer, um nicht zu viel Energie zu verbrauchen. Nüchterne, graue Farben bestimmen den Winterhimmel, Nebeltage wechseln mit Sonnentagen, an denen der Reif an den Bäumen gefriert, Schneekristalle in der klirrenden Kälte glitzern und die kräftige Luft Klarheit verbreitet.

Von nun an nehmen beim Steigen der Sonne die Tage allmählich wieder zu und in der Erde werden bereits die Vorbereitungen für den Weg zum Licht getroffen – die in der Januarerde ruhenden Samenkörner überwinden durch Sammlung ihrer Kräfte den winterlichen Tod, sodass der unaufhaltsame Kreislauf weitergeht. Friedlich schlummert die Landschaft und wartet auf den Frühling, damit sie sich dann wieder voll entfalten kann.

Der Winter ist die Jahreszeit, in der wir von den Früchten der vergangenen Ernte leben, eingekochtes und eingefrorenes Obst und Gemüse sorgt für einen reich gedeckten Tisch. Kräuter duften in der Teekanne. Es ist die Zeit der Dankbarkeit und Rückbesinnung auf den milden Frühling, den heißen Sommer und den bunten Herbst mit all ihren Gaben.

Urprinzipiell herrscht hier Saturn, der Hüter der Schwelle zwischen Zeit und Ewigkeit, Leben und Tod. Er ist der Herr der Zeit, der dafür sorgt, dass alles einmal zu Ende geht. Saturn steht für Verantwortung, Disziplin, Gesetz, Struktur und das Wesen der Zeit. Er hat die Qualität des weisen, alten Mannes, lässt uns nach innen schauen, das Wesentliche erken-

nen und Ordnung schaffen. Der strenge Winter und dieser Archetyp geben uns die Gelegenheit unsere Kräfte in der Stille zu sammeln und zu erneuern, unsere Grenzen neu zu bestimmen und bewusst Klarheit in unser Leben zu bringen, uns auf das Wesentliche zu reduzieren.

Wer erkannt hat, dass nicht das Hetzen auf ein Ziel hin wichtig ist, sondern die Erfahrung des Weges, der weiß, dass es darum geht, zu tun, was gerade getan werden muss und es so gut wie möglich zu tun. Konzentration auf das, was im Augenblick wirklich wichtig ist – wenn Du gehst, dann gehe, wenn Du horchst, dann horche, sonst nichts.

Das Alter ist die Zeit des Saturn und Weisheit sein Ziel, sein Element ist die Erde. In dieser Zeit steht die Sonne in dem Abschnitt des Tierkreises, den wir astrologisch »Steinbock« nennen.

Auf der körperlichen Ebene ist hier die Wirbelsäule als Weltachse angesprochen und überhaupt das ganze Knochengerüst, die Haut als Grenze, aber auch das Knie mit seiner doppelten Bedeutung – einerseits zum Ersteigen und Erklimmen von Höhen, andererseits zum Niederknien. Darin drückt sich Demut aus und die Bereitschaft, ohne zu klagen die eigene Aufgabe zu erfüllen.

WILLKOMMEN NEUES JAHR – 1. JANUAR

Um Mitternacht wurden die Geister des alten Jahres mit Krach und Lärm vertrieben und das neue Jahr mit bunten Raketen und dem Knallen von Sektkorken begrüßt. Frisch und jung liegt es vor uns – alles ist möglich!

Jeder begrüßt das neue Jahr, so wie er sich fühlt, mit Freude, mit Hoffnung, mit Wünschen und guten Vorsätzen. Es ist Brauch einander Glück zu wünschen und kleine Glücksbringer in Form von rosa Schweinchen, Fliegenpilzen oder Kleeblättern zu verschenken. Hufeisen werden aufgehängt, um das Zuhause zu schützen und das Glück einzuladen. Wir verteilen Neujahrsglückwünsche und werden von anderen »beglückt« – jeder gute Wunsch, den wir aus dem Herzen wohlwollend für andere sprechen, kommt auch uns zugute!

Und jedem Anfang wohnt ein Zauber inne – er birgt unendlich viele neue Möglichkeiten, neue

*Erster Tag im Jahr,
nichts ist böse, nichts ist gut,
sondern alles lebt.*
— Haiku —

Hoffnungen, neue Abenteuer in sich. Der Anfang sollte aber nicht zur Last werden, er soll vielmehr neue Lebendigkeit in uns erwecken. Wir könnten jeden Morgen als neuen Anfang sehen, dann würde sich unser Leben wandeln. Manchmal genügt es, das Leben mit neuen Augen zu betrachten und ganz neu »JA« dazu zu sagen.

Jeder Augenblick ist so gesehen »Neujahr«, jeder Atemzug ist ein Neuanfang. Wenn wir mit der Fülle des Lebens verbunden sind und uns darin üben, miteinander achtsam, friedvoll und großzügig umzugehen, machen wir uns und der Welt das größte Geschenk. Die heutige Raunacht ist mit der energetischen Qualität des August verbunden, mit Wärme, Urlaub und Müßiggang. Also ein idealer Tag, das Jahr mit einer großen Portion sonnigen Glücks aufzuladen. Mach Dir Notizen zu Deinen Träumen und dem Wetter, damit Du im August nachschauen kannst, welche Resonanz Du spürst.

Anregung für den Tag

Segne und weihe das neue Jahr in einer kleinen Zeremonie. Entzünde ein Licht für das neue Jahr und verwende eine reinigende, klärende und stärkende Räuchermischung, z.B. ein Teil Weihrauch und je zwei Teile Myrrhe und Zeder. Räuchere das ganze Haus oder die Wohnung und auch die Kellerräume, Garage etc.

Dann halt einen Augenblick inne und werde still. Verbinde Dich gedanklich mit dem höchsten und reinsten Licht und bitte um den Segen für Dein Leben und das neue Jahr. Stell Dir vor, wie das Licht über Deinen Scheitel in Dein Herz fließt und von dort in Deine Hände. Wende Dich dann dem neuen Jahr zu und sende den Segensstrom durch Deine Hände in jeden einzelnen Monat des neuen Jahres. Achte dabei auf all Deine Empfindungen, Deine Gedanken und Gefühle. Bitte Deine Engel, Dich und Deine Lieben zu segnen und gut durch das Jahr zu geleiten. Bedank Dich zuletzt und schreib alles auf, was Du erlebt hast.

*Immer die kleinen Freuden
aufpicken,
bis das große Glück kommt.
Und wenn es nicht kommt,
dann hat man wenigstens
die kleinen Glücke gehabt!*
— Theodor Fontane —

Heute ist ein guter Zeitpunkt zusätzlich zu den Tageskarten auch eine Jahreskarte zu ziehen. Ganz gleich-gültig wie das Wetter heute ist, zieh Dich warm an und geh hinaus in die Natur. Mach einen langen ruhigen Spaziergang, begib Dich hinein ins neue Jahr und spür seine frische, junge Qualität.

Nimm für Deinen Ausflug ein Säckchen mit Nüssen und Kernen mit und ein paar Apfel- und Karottenstücke. Geh zu Deinem Kraftplatz

oder such einen anderen stillen Ort abseits der Wege, der für Tiere gut erreichbar ist und leg dort Deine mitgebrachten Geschenke ab. Wünsch dabei ganz bewusst und in Dankbarkeit allen Wesen der Natur Segen für das neue Jahr.

Spür beim Nach-Hause-Gehen die kühle Luft und geh mit Deiner Aufmerksamkeit bewusst zu Deinem Atem, fühl die Bewegungen, die er auslöst, wie er kommt, einen Moment bleibt und wieder geht.

Was vergangen ist, ist vergangen, was kommen wird, ist noch nicht da.
Alles, was ist, ist JETZT.

*Ob ein Jahr neu wird,
liegt nicht am Kalender,
nicht an der Uhr.
Ob ein Jahr neu wird,
liegt an uns.*

*Ob wir es neu machen,
ob wir neu anfangen zu denken,
ob wir neu anfangen zu sprechen,
ob wir neu anfangen zu leben.*
– Johann Wilhelm Wilms –

ANLEITUNG

EIN GLAS VOLL SCHÖNER MOMENTE

»Glück entsteht durch die Aufmerksamkeit in kleinen Dingen«, schreibt Wilhelm Busch. Glückliche Momente, sind Augenblicke, in denen wir Freude, Dankbarkeit und Liebe empfinden, an denen wir uns erfreuen.

Nimm ein schönes großes Glas mit Deckel und stell es an einen Ort, an dem Du täglich vorbeikommst, leg daneben bunte Zettelchen und einen Stift. Schreib ab heute jede Woche Dein schönstes Erlebnis, Deine Glücksmomente, besondere Augenblicke, die Dein Herz berührt oder Begegnungen, die Dich beschenkt haben auf einen Zettel (es können gerne auch mehrere sein). Dann falte das Papier und gib es in das Glas.

Gute Vorsätze zu Jahresbeginn sind oft schnell vergessen, dieser macht Dir vielleicht so viel Freude, dass Du ihn gerne das ganze Jahr über beibehältst.

Am Ende des Jahres kannst Du alle Zettel lesen, Dich erinnern und darüber freuen, was für ein schönes Jahr Du hattest – vielleicht sogar schöner, als gedacht! Du kannst aber auch in Momenten, wo es Dir nicht so gut geht, Du traurig oder enttäuscht bist, ein paar Zettel zum Trost herausholen.

Wenn Du Freude daran hast, lass es zu einem liebenswerten Ritual werden. Schreib und zeichne in Dein Tagebuch, kleb Fotos dazu, getrocknete Blüten und Blätter, Dein neues Lieblingsrezept…

Mach Dir bewusst, dass Du jederzeit die Möglichkeit hast, wieder neu anzufangen, wenn Du es wirklich *wirklich* willst.

GEDULD UND MUSSE – 2. JANUAR

Die Energie hat sich spürbar verändert, mag sein, dass es sich so anfühlt als wären die Raunächte schon vorbei. Bis zu Silvester war die Energie noch nach innen gerichtet, gestern fühlte sie sich stillstehend an und heute kann es sein, dass wir das Gefühl haben, etwas würde in Bewegung kommen. Irgendwie fühlen sich diese Tage besonders an, weil es nichts mehr vorzubereiten gibt für die Feste, aber bisher keine Termine anstehen für das neue Jahr.

Dennoch ist noch nicht der Zeitpunkt gekommen loszustürmen und alle guten Vorsätze in die Tat umzusetzen. So wie die Natur Winterruhe hält, sollten auch wir noch Ruhe geben, denn alles hat seine Zeit – Gut Ding braucht Weile!

Heilsame Gelassenheit kann jetzt vieles in uns verändern, damit wir zur rechten Zeit die richtigen Dinge angehen und die Samen erst säen, wenn fruchtbarer Boden für ihr Wachstum vorhanden ist. Der Winter hat erst begonnen, seine Kälte und Dunkelheit können uns einen wunder-vollen Rahmen bieten, kreativ zu sein, Ideen zu sammeln, Visionen für das Jahr zu entwickeln und Vorbereitungen dafür zu treffen. Für manche von uns ist es herausfordernd Geduld zu üben, sich weiter Zeit zu geben, zu spüren, zu horchen, zu atmen und weise abzuwägen, wann der richtige Zeitpunkt gekommen ist.

Es ist eine Zeit, die sich manchmal anfühlt wie »Leerlauf«, ideal, um einfach einmal nichts zu machen – Pause! Diese bewusste Erlaubnis nichts zu tun und uns auf die eigene Mitte zu besinnen,, schenkt uns innere Freiheit und heilsames Durchatmen für die Seele.

Die heutige Raunacht ist mit dem September verbunden, dem Monat des Dazwischen, des Weder-Noch. Der Sommer ist vergangen, doch er schwingt noch nach, der Herbst steht vor der Türe, aber er ist noch nicht da. Wir spüren die Zeit der Zwischenzeit, den Zustand zwischen einem Ende und einem Neubeginn. Es ist eine Zeit des Innehaltens, Zurückschauens und Verabschiedens und des Nachvorneschauens und aus ganzem Herzen Neu-Beginnens.

So wie uns der September mit dem Erntesegen des Jahres beschenkt, belohnt uns diese Raunacht mit dem Segen des Verweilens, der Muße und Regeneration. Muße führt uns zu innerer Ruhe. Unser Geist braucht diese Ruhe, um ausgeglichen und kreativ zu werden, unsere Seele braucht sie zum Tagträumen und für ein positives emotionales Erleben. Durch Achtsamkeit können wir die Muße einladen, denn ihr Fokus liegt auf dem Jetzt. Tatsächlich ist Stille unsere Seelenmedizin, denn erst in der Stille des gegenwärtigen Augenblicks können wir das Leben in seiner unendlichen Vielfalt und Tiefe wahrnehmen. Nur dann kommt unser Geist zur Ruhe, nur dann hören wir den Ruf des ewigen Seins, der uns nach Hause zurückbringt, in unsere Mitte.

Anregung für den Tag

Zeit, in der man nichts tun muss und auch keinen Plan hat, kann unglaublich heilsam für die Seele sein. Gönn Dir heute einen herrlich »müßigen« Tag des »dolce far niente« und tu einfach worauf auch immer Du gerade Lust hast.

Schenk Dir Momente des Nichtstuns – lass Dich in ein Buch fallen, lieg stundenlang in der warmen Badewanne, schau Löcher in die Luft, lass Deine Gedanken ziehen.
Setz Dich still hin – gleichgültig in welcher Haltung – schließ die Augen und lass den Atem ruhig fließen. Beobachte Deine Gedanken und versuch den Augenblick abzuwarten, in dem ein Gedanke vorübergezogen und der nächste noch nicht da ist. Nimm die wundervolle Leere und Stille dazwischen wahr, diesen magischen Zwischenraum.

*Still werden,
ganz still werden
und auf die Bilder warten,
die manchmal scheu sind
wie Tiere.
Einfach DA sein,
ganz ruhig warten,
absichtslos
und beglückt staunen,
wenn sie erscheinen.*

Wenn es Dir gelungen ist, alle inneren Geräusche abzustellen, wirst Du immer deutlicher einen Ruf aus der Tiefe hören – den Ruf Deines Herzens.
Hör ihm zu und versteh, dass Du in diesem Augenblick alles besitzt, um glücklich zu sein. Wenn Du einmal diese Erfahrung gemacht hast, wirst Du sie nicht mehr missen und immer wieder erleben wollen.

VERGEBEN, VERSÖHNEN UND FRIEDEN SCHLIESSEN – 3. JANUAR

Das spirituelle Thema des heutigen Tages ist die Macht des Verzeihens, die Einladung an uns, zuerst mit uns selbst Frieden zu schließen, bevor wir uns mit neuen Plänen ins neue Jahr begeben. Damit wir das Alte abschließen können, ist es notwendig einen Schlussstrich unter Kränkungen und alte Verletzungen zu ziehen, denn wenn wir uns selbst nicht vergeben, sind wir für Neues nicht frei.
Frieden ist eine Frucht, die im Herzen eines jeden Menschen keimt und wächst – es ist die Liebesfähigkeit. Nichts ist so groß wie unsere Sehnsucht nach Frieden. Unseren Feinden zu vergeben erfordert viel Bewusstheit und Großmut, erst wenn wir lernen uns in die Position des anderen hineinzufühlen, gelingt es uns friedfertig zu werden.
Am besten fangen wir bei uns selbst an, indem wir uns für all unsere Selbstvorwürfe, unsere negativen Gefühle, die nagenden Zweifel an unseren Fähigkeiten, vergeben. Uns selbst zu verzeihen, kann manchmal schwieriger sein, als anderen zu vergeben, denn wahre Vergebung wird erst möglich, wenn wir unseren eigenen Schmerz erkennen und ernst nehmen.
Liebe ist Vergebung, ist Heilung. Und sie beginnt immer bei uns selbst. So erschaffen wir den Frieden in uns und um uns herum, nach dem wir uns so sehr sehnen, um erleichtert weiter dem Strom unseres Lebens zu folgen und jedem neuen Augenblick mit Herzensgüte zu begegnen. Es gibt keinen Weg zum Frie-

den – Frieden ist der Weg! Heute befinden wir uns energetisch in der Zeitqualität des Oktober, archetypisch die Zeit von Venus/Aphrodite, die für Frieden, Liebe und Harmonie steht. Es ist die Herbstqualität, die auch mit unserem Reifungs- und Alterungsprozess korrespondiert, das langsame Kürzer-Werden der Tage, der Abschied von der Kraft des Sommers schwingt herein.

Anregung für den Tag

Nutze den heutigen Tag in seiner friedlichen Stimmung, um Dir selbst und anderen zu vergeben. Nicht zu verzeihen belastet und vergif-

Herz, mein Herz,
sei nicht beklommen,
und ertrage Dein Geschick,
neuer Frühling gibt zurück,
was der Winter Dir genommen.
Und wie viel ist Dir geblieben,
und wie schön ist noch die Welt!
Und, mein Herz, was Dir gefällt,
alles, alles darfst Du lieben!
– Heinrich Heine –

tet das eigene Leben, denn die Last des Nachgetragenen beschwert vor allem den Nachtragenden selbst. Du wirst erkennen, dass Vergebung in erster Linie Dir selbst zugutekommt. Sie ist die Basis, auf der Heilung geschehen kann, als wohltuende Erleichterung, als Erlösung für Dein Herz. Setz Dich entspannt hin, lass die Augen zugehen und atme ganz sanft zu Deinem Herzen hin. Lass nun mit dem ersten aufsteigenden Gedanken die Person auftauchen, der Du etwas nachträgst, das Du jetzt loslassen willst und erlaub dem Vorwurf noch einmal, deutlich zu werden. Versuch all die Barrieren zu empfinden, die Du errichtet hast und lass all die Gefühle auftauchen, die Du mit Dir herumträgst, weil Du nicht vergeben hast – Dir nicht und anderen nicht. Nimm auch den Schmerz wahr, der vom Verschlossensein Deines Herzens kommt. Sei gewahr, dass alles, was Du im Außen erlebst, geschieht,

weil in Dir etwas ist, das dieses Erleben bedingt, und übernimm bewusst die Verantwortung für Deine Realität. Vergeben heißt, dass wir von Gedanken lassen, die uns zwanghaft mit der Vergangenheit verbinden, von Enttäuschung, Kränkung und Streit. Wir lassen Vergangenes los, um erleichtert weiter dem Strom unseres Lebens zu folgen.

Das Anzünden einer Kerze an einem Ort der Stille kann zu einer Geste der Versöhnung werden: Such einen Ort auf, der für Dich eine besondere Bedeutung hat und zünde dort eine Kerze für Dich an. Richte Deine Aufmerksamkeit auf die Flamme und verweile so eine längere Zeit mit dem Wunsch, auch Dir selbst vergeben zu können. Fass nun innerlich den Entschluss mit Dir Frieden zu schließen, leg dabei beide Hände auf Dein Herz und sprich mit liebevoller innerer Stimme zu Dir selbst: »Was geschehen ist, ist geschehen. Was kommen wird, ist noch nicht da. Ich sehe mich und erkenne mich an, so wie ich bin. Ich liebe mich mit all meinen Fehlern und Qualitäten, möge ich zum Wohle aller meinen Weg gehen mit der Kraft meines Herzens.« Spür, wie Du in Licht und Liebe mit allem verbunden bist, spür den Frieden und nimm ihn in Dein Herz hinein.

Du kannst diese Vergebungsmeditation zu einem festen Bestandteil Deines Lebens machen – in ihr lässt Du die Vergangenheit sein und öffnest Dein Herz jedem neuen Augenblick mit liebevoller Achtsamkeit.

Januar – und jedem Anfang wohnt ein Zauber inne …

*Dankbarkeit ist der Himmel selber.
Und es könnte kein Himmel sein,
gäbe es die Dankbarkeit nicht.*
— William Blake —

DANKBAR SEIN – 4. JANUAR

Die Raunächte stellen einen Zyklus dar – Zyklen sind »Kreise«, die sich schließen (wollen). Die besonderen Tage zwischen den Jahren gehen nun dem Ende zu. In den ersten Tagen ging es darum Innenschau zu halten – zu reinigen, zu lösen, zu besinnen, damit Raum für das Neue entsteht. In den Tagen nach Neujahr geht es darum, Frieden zu schließen, damit das innere Licht leuchten kann, weithin sichtbar in Dein (er)Leben hinein und dieses Geschenk in Dankbarkeit anzunehmen.

Dankbarkeit ist das Zaubermittel, das unsere Seele erblühen lässt, denn sie öffnet das Herz, stellt unsere Sinne auf Empfangen ein und verwandelt alles in ein Gefühl der unendlichen Fülle. Wenn wir unseren Fokus auf die Fülle richten, die uns immer und überall umgibt und

nicht mehr auf den Mangel, dann geschieht etwas Magisches in unserem Leben. Dankbarkeit ist das tiefe Gefühl des Erfüllt-Seins und setzt ein vollkommenes Sich-Öffnen voraus, ein inneres Ja-Sagen zum jetzigen Augenblick und ein freudiges Annehmen dessen, was ist.

Genau jetzt ist der Augenblick dankbar zu sein, selbst wenn Einiges anders ist, als wir es uns wünschen. Das Jetzt ist immer so, wie es ist, deshalb ist es sinnvoll uns damit anzufreunden. Wenn es uns gelingt, die Lebendigkeit dieses Moments zu sehen, zu fühlen, innerlich und äußerlich wahrzunehmen, dann kommt die Dankbarkeit von selbst. Jeden Tag gibt es so vieles, was uns gegeben ist: so viele schöne Augenblicke. So viele liebe Menschen. So viele Geschenke der Natur. So viele hilfreiche Tipps. Wundervolle Musik oder starke Worte.

In der besinnlichen Zeit der Raunächte können wir versuchen, wieder für ganz einfache Dinge dankbar zu sein – für den kleinen Schneemann vor dem Haus, die Eisblumen am Fenster oder dass unsere Wohnung so gemütlich warm ist und wir genug zu essen haben. Im Jahreskreis sind wir im November angekommen, dem Monat, der mit der Endlichkeit allen Lebens verbunden ist und zugleich das Potenzial für einen Neubeginn in sich trägt. Seine Zeitqualität konfrontiert uns mit dem Wandel und damit, ob wir ihn akzeptieren und nutzen oder in Widerstand gehen. Dankbar annehmen, was ist!

Anregung für den Tag

Nimm Dir vor, jeden Tag als das zu sehen, was er ist: eine Feier Deines Lebens!

Beginn jeden Morgen mit einem »Danke«, noch bevor Du die Augen öffnest. Begrüß den neuen Tag als Geschenk. Öffne Dich für ihn und all seine Möglichkeiten und lass Dein »Danke« ins Herz fließen und in jede Zelle Deines Körpers. Atme bewusst in Dein Herz hinein und spür, wie sich Deine Dankbarkeit mit jedem Einatmen noch verstärkt, bis sich ein Lächeln auf Deinem Gesicht ausbreitet.

Du lebst! Du hast gerade wieder einen wundervollen neuen Tag geschenkt bekommen und Du kannst ihn frei erschaffen! Stell Dir alle Wunder vor, die Dir heute widerfahren werden und lass die Dankbarkeit für alles, was Dir begegnen wird, in Dein Herz fließen. Dann leg die Hände auf Dein Herz, sag »Danke« und spür die Energie, die von diesem Wort ausgeht. Wenn Du später die Augen öffnest, kannst Du erfüllt und freudig in den Tag gehen und Dein Leben in vielerlei Hinsicht frei gestalten. Mach Dir bewusst, dass Du in Frieden leben kannst, nimm nichts für selbstverständlich und erwarte nichts, lass Dich überraschen vom Leben!

Setz Dich entspannt hin und geh in Gedanken durch Deinen Alltag. Werde Dir dabei der Fülle bewusst, die Dich umgibt – des geschützten Raumes Deiner Wohnung, dass Du genug zu essen hast, nicht frieren musst, gesund bist, in Frieden lebst. Werde Dir auch der Fülle bewusst, die Du in Dir trägst, Deiner Talente und Gaben und auch der vielen Möglichkeiten diese Gaben, Dein Wissen weiterzugeben und teilen zu können, anderen helfen zu können.

Spür die Dankbarkeit, die Deinen Blick für das Besondere im Alltag öffnet, dieses tiefe Gefühl, dass Dir zeigt, dass Du so unendlich beschenkt bist, dass Du großzügig sein darfst, weil es Dir an nichts mangelt und das Gute mit anderen teilen kannst.

Mach Dir auch bewusst, dass der Dankbarkeit tiefe Freude folgt, Freude über alles, was da ist und Du viele Dinge im alltäglichen Leben nicht mehr als selbstverständlich betrachtest.

TAG DER GNADE, NACHT DER WUNDER – 5. JANUAR

Den Anfang im Ende finden, das Ende in den Anfang betten, der Kreis schließt sich, der Übergang vom alten ins neue Jahr ist nun vollzogen. Damit werden auch die Schleier vor der geistigen Welt allmählich dichter. Die Energie hört aber nicht abrupt auf, sie schwingt wie eine Welle in den 6. Jänner hinein.

Der morgige Tag dient dann dem Verankern und Segnen. Heute ist wieder ein Lostag, ein

Umkehrtag, wie der 28. Dezember. Heute könnten wir gut die letzten Tage anhand des Tagebuchs Revue passieren lassen und hineinspüren, was noch fehlt, damit alles rund und stimmig wird, der Kreis sich schließen kann. Wünsche und Rituale des heutigen Tages und der heutigen Nacht sind besonders kraftvoll. Diese letzte Nacht wird auch die Nacht der Wunder genannt, denn ihr wohnt ein besonderer Segen und Zauber inne. In ländlichen Gegenden wird die »Perchtnacht« gefeiert. In Fell gekleidete junge Männer ziehen mit furchterregenden Teufelsmasken mit Hörnern und Reißzähnen durch die Dörfer, um böse Geister zu vertreiben. Um die Hüfte tragen sie einen Ledergürtel mit Kuhglocken, sie schlagen den Boden mit Peitschen aus Tierschwänzen und stampfen, um gleichzeitig die Samen, die in der Erde schlummern, zu neuem Leben zu erwecken. Auch »Glöckler«, sogenannte »Schönperchten« laufen, um die Dämonen der Raunächte zu vertreiben und die Wiedergeburt des Lichtes einzuleiten.

Die Nacht auf den 6. Jänner heißt auch »Epiphaniasnacht«, die Nacht der Erscheinung des Herrn. »Lux natus est« – das Licht ist geboren. Es ist die Nacht der Wunder. Mag sein, dass Du schon den Segen, den der heutige Tag in sich birgt, wahrnehmen kannst und die starke Verflechtung an Energien. Vielleicht siehst Du nun ein wenig klarer, wie Dein Weg verläuft, der aus der Dunkelheit ans Licht, der Dich zu Deinem inneren Licht führt! Diese Raunacht steht für den Dezember, den dunkelsten Monat, in dem das Licht neu geboren wird, auch für uns fängt wieder ein neuer Zyklus an. Die Samen sind nun gelegt, mögen sie eine glückliche und heilsame Ernte im neuen Jahr bescheren!

Anregung für den Tag

Zünd eine Kerze an und lass die letzten zwölf Nächte und Tage in Gedanken vorüberziehen, ganz ähnlich, wie Du im Dezember auf das Jahr zurückgeblickt hast. Welche Themen haben Dich beschäftigt, welche Träume, Begegnungen und Erkenntnisse waren wichtig? Was nimmst Du mit ins neue Jahr, was darf endgültig losgelassen werden? Wenn Du Notizen gemacht hast, lies sie jetzt in Ruhe durch und finde Deine Essenz.

Wenn Du magst, räuchere Deine Räume ein letztes Mal mit Myrrhe und dann, um Mitternacht, öffne alle Fenster und Türen und lad den Wind als Segen für das neue Jahr in Dein Zuhause ein mit dem Gedanken, dass sich jetzt alles, was nicht mehr dient, lösen darf, damit Heilung geschieht und neue Energien einströmen können.

Begrüß das Jahr mit neugierigen Augen und wachen Sinnen, lass jeden neuen Tag sich in Deinem Herzen entfalten, sodass es eine gute Zeit für Dich wird.

WENN DAS NEUE JAHR SICH LANGSAM ZU BEWEGEN BEGINNT

Die intensive Zeit der Raunächte findet ihren Abschluss und die Energien, die uns während dieser Tage und Nächte umgaben, legen sich langsam wieder zur Ruhe, während sich das Rad des Jahres ebenso langsam wieder in Be-

Januar – und jedem Anfang wohnt ein Zauber inne ...

lich tief in uns nachzusehen und nicht bei anderen, dann löst sich so vieles und wird damit endgültig erlöst. Jedes Jahr gehen wir freier und leichter daraus hervor und so spüren wir in diesen Tagen tatsächlich eine neue Leichtigkeit und Freiheit. Die Energien beruhigen sich, während das neue Jahr sich zu bewegen beginnt.

Das Jahresrad wird angestoßen und wir können unsere neuen Wege im eigenen Tempo, das gerne noch sehr gemächlich sein darf, beschreiten, denn noch ist es nicht an der Zeit, alle guten Vorsätze in die Tat umzusetzen. Die Natur befindet sich in der Winterruhe und genauso sollten wir auch noch etwas Ruhe geben.
Gut Ding braucht Weile!

wegung setzt. In der Zeit zwischen den Zeiten stand es still. Nichts sollten wir tun, sondern einfach nur ruh´n. Die Botschaften der Spirits galt es wahrzunehmen und die eigenen Empfindungen von Zeit und Raum vollständig aufzulösen. Gesetze, die sonst das ganze Jahr über gelten, wurden aufgehoben. Nichts war »normal«. Eintauchen in den leeren Raum war gefragt und still werden. Kein Tun, kein Hasten, kein Leisten, kein Denken, kein bewusstes Handeln. Einfach einmal nur sein, sich hingeben und vertrauen, wahrnehmen und spüren, bei sich bleiben und nicht im Außen nachsehen.
Wenn wir uns ganz auf sie einlassen und sie wirklich nutzen, dann geschieht in diesen Tagen und Nächten unglaublich viel. Wenn wir uns ihren Kräften hingeben, Mut haben wirk-

Seiner Seele trauen
sich hineinbegeben
in unbekanntes Neuland
das uns erwartet
Seiner Seele folgen
sich öffnen
hineinwagen
in einen Neuanfang
der hinausführt
aus dunkler Ungewissheit.

DEM STERN FOLGEN – 6. JANUAR

Die Reise durch die Raunächte ist heute vollendet, das Ende der Reise ist der Aufbruch in

ein neues Jahr! 6. Jänner, der Festtag der Heiligen Drei Könige, ist ein Neubeginn, jetzt sind die Weichen für ein gutes neues Jahr gestellt. Wir haben vieles reflektiert, alte Last abgeworfen und vielleicht ein bisschen Ruhe, Klarheit und Zuversicht für das neue Jahr gewinnen können.

Die Raunachtreise weckt unsere inneren Kräfte und hilft uns, die Zukunft mit neuen, wachen Augen zu begrüßen und zu einer guten Zeit für uns alle zu machen. Vermutlich lassen sich nicht alle erhofften Veränderungen umsetzen, aber vieles liegt allein in unseren Händen – wir können wachsen und reifen, wenn wir bereit sind, trotz allem »Ja« zu sagen. Die Zwölf steht symbolisch für unseren Lebensweg, mit all seinen Prüfungen und Hindernissen, aber auch für die umfassende Hingabe an das Sein. Die Natur ist uns jederzeit Refugium in schwierigen Zeiten, sie schenkt uns Raum zum Innehalten, sie gibt uns Halt und nährt uns, sie heilt und schenkt uns auf ihre stille Art Trost und Kraft. Verbunden mit diesen Kräften möge es uns gelingen vertrauensvoll unseren Weg zu gehen!

Der Dreikönigstag ist ein christlicher Feiertag und erinnert an die drei Weisen aus dem Morgenland. In der Bibel werden sie bei Matthäus im Kapitel 2, Vers 1 und 2 »Sterndeuter« genannt, man bezeichnete sie auch als »Magier« oder »Astrologen«, später erst als »Könige«. Sie folgten einem Zeichen am Himmel, dem Stern von Bethlehem, der ihnen den Weg zum Stall weist, in dem das göttliche Kind in der Krippe liegt. Der Stern als Licht am dunklen Himmel steht symbolisch für das geistige Licht, das alle Finsternis verwandelt und uns den Weg durch die Dunkelheit unseres Lebens weist. »Desiderium«, die »Sehnsucht« auf Lateinisch, bedeutet »die Sterne auf die Erde zu bringen«. Seit jeher sind die Sterne mit unserer Sehnsucht verbunden, wenn wir zum Sternenhimmel schauen, sehnen wir uns nach geliebten Menschen. In der Fremde verbindet uns der Sternenhimmel mit der Heimat, Weihnachtssterne verbinden uns mit der himmlischen Heimat. So ist die Geschichte der Weisen eine Einladung an uns, unserer Sehnsucht zu folgen.

Anregung für den Tag

Auf dem Land gehen die Sternsinger von Haus zu Haus und segnen die Hauseingänge mit einer Weihrauchräucherung. Du kannst heute gut Deine eigene Haussegnung vornehmen. Nimm ein Räuchergefäß und gib Weihrauch und Myrrhe auf die Kohle, Du kannst auch Kräuter und Blüten aus dem Kräuterbüschel dazu geben, das zu Maria Himmelfahrt geweiht worden ist.

Zünd eine Kerze an, geh mit der Räucherschale zur Eingangstüre und von dort durch alle Räume. Bei dieser Haussegnung segnest Du Deine Familie, Dich selbst und die Wohnung. Traditionell wird das »Vater unser« oder der »Rosenkranz« gebetet, Du kannst natürlich Deine eigenen Segenswünsche sprechen. Am Dreikönigstag sollte der Segensspruch »Christus mansionem benedictat« – Christus segne dieses Haus – mit Kreide auf den Türstock geschrieben werden, um das Haus vor Brand und Unwetter zu schützen: 20+C+M+B+22 (aktuelle Jahreszahl).

Zum Abschluss lösch die Kerze und lüfte gründlich Dein Zuhause, um Platz für den Neuanfang zu schaffen.

Als kleines Abschlussritual könntest Du in der Rückschau den letzten zwölf Tagen und Nächten ein Motto geben – mit welchem Satz kannst Du sie zusammenfassen? Dann schließ kurz die Augen und lass eine Farbe für die Essenz Deiner Raunachtreise auftauchen. Jede Farbe hat eine besondere Schwingung, Deine Farbe wird im neuen Jahr den Ton angeben. Vielleicht magst Du Dir eine große Kerze in dieser Farbe besorgen, die Du immer anzünden kannst, wenn Du Hilfe, Schutz und Kraft suchst. Lass Dich von der Energie Deiner Farbe als »Seelenmedizin« durch das neue Jahr begleiten!

DEIN FREUND, DER BAUM, IM WINTER

Der Winter ist ins Land gezogen und hat auch Deinen Freund, den Baum, verändert. Spätestens jetzt solltest Du wieder einmal nach ihm sehen, ihm einen Besuch abstatten, schauen, wie es ihm geht.

Zieh Dich der Jahreszeit entsprechend an, nimm eventuell ein kleines Geschenk mit und mach Dich auf den Weg zu Deinem Baum. Findest Du ihn auf Anhieb? Erkennst Du ihn gleich wieder? Oder ist er Dir schon vertraut von häufigen Besuchen?

Wenn Du bei ihm angekommen bist, begrüß ihn auf Deine Art und nimm Kontakt mit ihm auf.

Lehn Dich an seinen Stamm, schließ Deine Augen und spür in Dich hinein: Was empfindest Du zur Winterzeit, jetzt, wo es kalt und dunkel ist? Wie ist Deine Stimmung? Kann Dein Baum Dich trösten, Dir Kraft schenken oder Dich vielleicht sogar beflügeln?

Wenn Dir nicht zu kalt ist, nimm Dir noch etwas Zeit und lass Erinnerungen an verschiedene Winterzeiten auftauchen, mag sein, dass sie bis in Deine Kindheit zurückreichen. Was hast Du im Winter schon alles erlebt? Eine lustige Schneeballschlacht mit Freunden, Eislaufen auf dem zugefrorenen Teich? Vielleicht kommen Dir auch Lieder, ein Gedicht oder Märchen in den Sinn und Du schenkst Deinem Baum eines davon?

Manch Frage stellt sich nun: Wie harmonisch fließt Dein Lebensrhythmus mit dem Jahreszeitenzyklus und mit den Transformationen in der Natur? Entspricht das auch Deiner wahren Natur? Wie offen bist Du für Veränderungen? Was kannst Du von Bäumen, Pflanzen und Tieren für Dein Leben lernen?

Wenn Du genügend Bilder und Antworten gesammelt hast, lass Deine Gedanken nach Möglichkeit los, nimm Deinen ruhigen Atem wahr und genieß die Ruhe, die Dich umgibt.

Dann nimm Abschied, indem Du tief ein- und ausatmest und mit Deiner Aufmerksamkeit wieder ganz präsent bist.

Wenn Du möchtest, kannst Du später zu Hause Deine Inspirationen und Bilder wieder in Deinem Tagebuch oder Notizheft festhalten.

Und vergiss nicht: Spätestens zu Frühlingsbeginn freut sich Dein Freund, der Baum auf einen neuen Besuch von Dir!

MITTWINTER

Jetzt entfaltet der Winter seine stärkste Kraft. Im Gegensatz zum Hochsommer haben wir den Tiefwinter erreicht. Das Leben in der Natur

scheint unter Eis und Schnee begraben zu sein, sie zeigt sich in Kälte und Klarheit: eine Landschaft, die den Blick festhält, in der nichts ablenkt, kalt die Farben des Himmels. Eiskristalle leuchten wie Sterne auf der Schneedecke, wenn sie im hellen Licht der Wintersonne blendend weiß glitzert. Die Nächte sind noch länger als die Tage und in den langen klaren Winternächten können wir die Sterne am strahlendsten funkeln sehen. Dennoch steigt nun die Sonne schnell und gewinnt an Kraft, sodass die Säfte in den Bäumen und Sträuchern wieder zu steigen beginnen.

Ähnlich ist es unter der Erde – sie ist gefroren, doch in ihrem Inneren sammeln sich die Lebenskräfte und die erwachende Schöpfung drängt erwartungsvoll einem Wachwerden entgegen. Damit, sobald es möglich ist, die ersten Frühlingsboten durch die noch harte Erde brechen können. Es ist nun schon deutlich zu spüren, dass die Schwere und das Dunkle der letzten Wochen vorbei sind, das Leben kommt zurück!

Es ist die Zeit des uranischen Lebensprinzips, eine geistige Energie. Uranus wird auf der physischen Ebene mit Elektrizität und unserem Nervensystem in Verbindung gebracht, also mit sehr schnellen Energien. Auf der geistigen Ebene steht er für das Originelle im Menschen, für Ideen, Geistesblitze und Visionen, er ist ständig auf der Suche nach Neuem und Ungewöhnlichem. Frei nach dem Motto: Der Raum ist voll von guten Ideen, wir müssen nur zugreifen und sie in uns hineinfallen lassen, einen Ein-Fall haben! Uranus ist der Geistesblitz aus heiterem Himmel und Veränderung ist sein Lebenselixier, das Luftelement ist sein Zuhause.

In dieser Zeit steht die Sonne in dem Abschnitt des Tierkreises, den wir als »Wassermann« bezeichnen. Dem entspricht die allgemeine Aufbruchsstimmung und die bevorstehende Fastnacht, denn kaum steigt der Lebenssaft in den Pflanzen, beginnt die Zeit der Narren. Jetzt ist eine gute Gelegenheit, um in die Rolle eines Narren zu schlüpfen, der sich allerhand Unsinn erlauben kann, ohne dass man es ihm nachträgt. Außerdem vertreibt die ausgelassene Bewegung, das Tanzen und Klatschen die dunkle Energie des Winters und verbindet uns mit der Lebenskraft, die in der Natur erwacht.

DIE »STILLE ZEIT« GEHT ZU ENDE

Die auf Rückzug gepolten Kräfte der Natur drehen sich nun um, die Sonne spendet wesentlich mehr Licht und Wärme, was Neuanfang verheißt. Die Tage werden heller und klarer, die Vorfreude auf den Frühling lässt uns innerlich erblühen. Endlich geht es wieder los! Februar stammt vom lateinischen Wort »februare«, was so viel wie »reinigen« bedeutet. In dieser Zeit können uns Reinigungsrituale auf allen Ebenen dabei helfen, körperlichen und seelischen Ballast abzuwerfen, den wir seit einiger Zeit mit uns herumtragen.

Als Abschluss trägt der Duft reinigender Räucherkräuter die schwere Winterenergie endgültig aus dem Haus und schafft Raum für einen kraftvollen Neubeginn. Der klassische Frühjahrsputz ruft! Jetzt ist der ideale Zeitpunkt, Raum für Raum, Schubladen, Ecken und Winkel von Schwere und Staub des Winters zu befreien.

Verwend wohlriechende Essenzen für das Putzwasser, poliere Holz mit Bienenwachs und verabschiede Dich in Dankbarkeit von allem Alten, das Dir während der dunklen Zeit Schutz und Geborgenheit geschenkt hat. Danach gestalte für das Reinigen und Ordnen der feinstofflichen Energien Deines Heims ein kleines Räucherritual. Nimm dazu eine feuerfeste Schale, geeignetes Räucherwerk wie Echten Salbei, Thymian, Lavendel, Ysop, Wacholder und etwas Fichtenharz. Der Rauch dieser Kräuter ist keimtötend und reinigend und hilft beim Verabschieden alter Energien.

Wir finden immer eine Blume
und auch einen kleinen Stern,
selbst an dem grauesten aller Tage
und in der größten Eiseskälte.

Wenn wir nur suchen,
mit den Augen eines Kindes schauen
und unserem Herzen
das Staunen nicht verwehren.

Wir finden immer auch ein Lächeln,
auch wenn wir selbst es lächeln,
um es in die Welt zu schicken

so wie eine Frühlingsblüte ihren
süßen Duft
in noch gefror'ne Tage sendet …

ANLEITUNG

FASTENZEIT

Nach der närrischen Zeit, die den Winter symbolisch ausgetrieben hat, kommt nun die Fastenzeit, in der wir in Stille und Achtsamkeit Körper und Geist reinigen können, um auf einen neuen Lebenszyklus vorbereitet zu sein.

»Jeder kann zaubern, jeder kann seine Ziele erreichen. Wenn er denken kann, wenn er warten kann, wenn er fasten kann«, schrieb Hermann Hesse. So, wie es befreiend wirkt, den Schreibtisch oder Schrank zu entrümpeln, kann auch Fasten befreiend auf Körper und Seele wirken, eine Chance loszulassen und sich neu zu orientieren. Essen und Fasten gehören zusammen, wie Wachsein und Schlafen, wie Ein- und Ausatmen, es sind zwei Seiten derselben Medaille in unserem ganz natürlichen Lebensrhythmus.

Wir leben einen ständigen Wechsel zwischen Essens- und Fastenperioden, nur die Dauer ist veränderbar. Jetzt ist ein idealer Zeitpunkt eine bewusste Auszeit zur Regeneration für Körper, Seele und Geist zu nehmen. Bewusstes Fasten ist keine Nulldiät, denn es geht in erster Linie nicht ums Abnehmen (obwohl das ein angenehmer Nebeneffekt ist), es ist die Chance auf eine Neuorientierung im Körper-Geist-Seele-System. Eine Woche fasten stellt unser gesundes Gleichgewicht wieder her, die »Reset- Taste« wird gedrückt und wir fühlen uns wie neugeboren!

Januar – und jedem Anfang wohnt ein Zauber inne ...

> **ANLEITUNG**

IMPULS ZUR ZEITQUALITÄT

- Find bei einem Deiner nächsten Spaziergänge (in einem Park, Friedhof, Wald) Plätze, an denen Du Neues im Alten entdecken kannst. Verweile dort etwas und schau Dir diesen Ort gut an. Werde still und lausch auf seine Geräusche, horch auf Deine Gefühle.
- Was wächst dort aus dem abgestorbenen Baumstamm?
- Wo ist schon der Aufbruch des Frühlings zu erkennen? Was fühlst Du dabei?
- Nimm es wahr, ohne es zu bewerten, denn es gibt kein Richtig oder Falsch. Spür einfach, womit Dein Herz in Resonanz gehen möchte.
- Was engt Dich ein oder blockiert Dich sogar?
- In welchen Bereichen Deines Lebens ist »frischer Wind« nötig?
- Welche Ideen, Pläne wolltest Du schon längst verwirklichen?
- Was sollte dringend bereinigt werden?
- Welches innere Licht möchtest Du in nächster Zeit ins Außen bringen?
- Was braucht in Deinem Leben mehr Platz zum Keimen und Gedeihen?
- Du kannst Dich anschließend zwischen Gestrüpp und dichtem Baumbestand durchzwängen und Dir dabei vorstellen, ein Stückchen Deiner »alten Haut« dabei abzustreifen.
- Erfährst Du keine spürbare Resonanz, so geh weiter an einen anderen Ort. Bleib offen und neugierig, ohne Dich unter Druck zu setzen.

Beginn mit dem Entzünden einer weißen Kerze und der Räucherkohle und leg dann Kräuter und etwas Harz auf. Dann fächle Deinen Körper mit dem reinigenden Rauch ab, bevor Du durch die Räume gehst. Öffne zuletzt die Fenster und Türen und lad frischen Wind und neue Energie in Dein Zuhause ein.

Lichtmess im Klee,
Ostern im Schnee
– Bauernregel im Februar –

MARIÄ LICHTMESS – 2. FEBRUAR

Vierzig Tage nach der Geburt Jesu wird im christlichen Jahreskreis Mariä Lichtmess oder auch Mariä Reinigung als Abschluss der weihnachtlichen Feste gefeiert. In vielen Kirchen und Haushalten bleiben bis zu diesem Tag Krippen und Weihnachtsschmuck, erst dann werden sie wieder sorgfältig fürs nächste Fest verpackt.

Beim Gottesdienst werden an diesem Tag traditionell sowohl die Altarkerzen als auch alle Kerzen für den Haushalt geweiht und sollen so in dunklen Stunden Segen bringen und bei Gewitter beschützen. Früher hielten alle Gläubigen während der Messe eine brennende Kerze in der Hand und gestalteten eine Lichterprozession. Bei den Kelten war dies tatsächlich das Frühlingsfest, für sie begann alles Leben im Dunkel – im Schoß der großen Göttin. In der nordischen Tradition ist dieser Tag ein Lichterfest: Der göttliche Funke wird auf Erden begrüßt und dieses Licht wird in die Welt getragen.

In der Natur beginnt der Vorfrühling, alles rüstet sich fürs neue Leben und auch in uns keimen neue Ideen. Es gilt, an diesem Tag die Vision fürs neue Jahr zu finden. In der Dunkelheit des Winters ist ein neuer Keim herangereift, der nun mit der kosmischen Inspiration zusammentrifft und zu einem konkreten Plan werden soll – zu unserer Jahresaufgabe.

Vor lauter Lauschen und Staunen sei still

Vor lauter Lauschen und Staunen sei still,
Du mein tieftiefes Leben;
dass Du weißt, was der Wind Dir will,
eh noch die Birken beben.

Und wenn Dir einmal das Schweigen sprach,
lass Deine Sinne besiegen.
Jedem Hauche gib Dich, gib nach,
er wird Dich lieben und wiegen.

Und dann meine Seele sei weit, sei weit,
dass Dir das Leben gelinge,
breite Dich wie ein Feierkleid
über die sinnenden Dinge.

Rainer Maria Rilke, 19.1.1898, Berlin-Grunewald

Bauernneujahr — Der 2. Februar war im Bauernjahr ein sehr wichtiger Tag, denn an diesem Tag begann ein neues Jahr für die Knechte und Mägde am Hof eines neuen Dienstherrn oder ihr Vertrag wurde wieder um ein weiteres Arbeitsjahr verlängert. Es war also ein Ziehtag für die Dienstboten, sie bekamen ihren Jahreslohn und ein paar Tage Freizeit, auch »Schlenkerltage« genannt. Hier konnten die Leute noch einmal feiern und die Familie besuchen, bis der neue Dienst begann.

Mit dem Ende der Dunkelheit war auch die »Lichtarbeit« beendet, die zu Michaeli begonnen hatte. Die Frauen räumten ihre Spinnräder weg und die Arbeit im Freien begann wiederum. Nun ist deutlich zu spüren, dass ein Zyklus sich vollendet, es ist die Übergangszeit vom Winter zum Frühling, wo alles Gefrorene, Erstarrte und Verhärtete eingeschmolzen und aufgelöst wird und das Wasser das Erdreich durchdringt, damit das Keimen und Sprossen neu beginnen kann. An manchen Pflanzen zeigen sich schon dicke Knospen, andere halten noch ihren Winterschlaf, hin und wieder ist ein mutiger Vogel zu hören, der sein fröhliches Lied trällert. Eine Dynamik ist spürbar, die nach Aufbruch drängt, noch liegt Vieles im Verborgenen, Altes löst sich auf, Neues bereitet sich vor, doch es braucht noch seine Zeit, das Ungeformte sichtbar werden zu lassen. Zu diesem Zeitpunkt ist die Verbindung zum Mysterium der Natur besonders stark spürbar, selbst im Augenblick der Vollendung gibt es ein kurzes Innehalten.

Das Bewusstsein, wie wichtig es ist, etwas richtig zu beenden, innezuhalten und den Raum dazwischen zu würdigen, um dann erst

neu zu starten, ist das große Geschenk dieser Zeit. Es ist eine Zeit des Übergangs, als ob wir langsam aus dem Schlaf erwachen und uns noch in einer Zwischenwelt befinden würden. Der Neubeginn wird schon vorbereitet, unter der Erde und am Himmel, bald ist es soweit, sich mit freudiger Erwartung dem Neuen zu stellen und den beginnenden Sieg des Lichts in der Frühlings-Tagundnachtgleiche zu feiern.

Damit ist nun die »Stille Zeit« endgültig vorbei. Wer die dunkle Zeit nutzen konnte, um zur Ruhe zu kommen, still zu werden und Innenschau zu halten, der hat heilsame Lebensenergie gespeichert und kann im Sommer von diesem Kraftpaket zehren.

Ausklang

Es gibt eine Stille, die immer da ist, gleich-gültig, wie laut die Welt um uns lärmt.
Eine Stille, die Musik sein kann oder Wind, das Rauschen des Wassers, der Schrei eines Vogels. Nur wer bedingungslos lauscht, kann verstehen. Nur wer sich langsam auf den Grund der Stille lauscht, dort, wo kein Denken ist, sondern Fühlen, dem offenbart sie sich jenseits aller Worte. Wenn wir der Stille und der Dunkelheit Raum in uns schenken, weisen beide uns den Weg zum eingeborenen Licht. Diese Quelle ist die stärkste Kraft, aus der wir für unsere Selbstheilung schöpfen können.
Die Heilkraft der Stillen Zeit!

BILDNACHWEIS

Mit 113 Farbfotos von Dorothea Neumayr.
Mit 1 Illustration von shutterstock/MysticaLink (S. 26)

IMPRESSUM

Umschlaggestaltung von Gramisci Editorial Design, München/Claudia Geffert unter Verwendung eines Farbfotos von STOCKSY UNITED HQ/Ilja.

Mit 113 Farbfotos.

> Alle Angaben in diesem Buch erfolgen nach bestem Wissen und Gewissen. Sorgfalt bei der Umsetzung ist indes dennoch geboten. Der Verlag und der Autor übernehmen keinerlei Haftung für Personen-, Sach- oder Vermögensschäden, die aus der Anwendung der vorgestellten Materialien, Methoden oder Informationen entstehen könnten.

Unser gesamtes Programm finden Sie unter **kosmos.de/nymphenburger**

Gedruckt auf chlorfrei gebleichtem Papier

© 2022, nymphenburger in der
Franckh-Kosmos Verlags-GmbH & Co. KG,
Pfizerstraße 5–7, 70184 Stuttgart
Alle Rechte vorbehalten
ISBN 978-3-96860-063-5
Projektleitung und Redaktion: Monika Riedlinger-Sinanmis
Gestaltungskonzept: Gramisci Editorial Design, München/Claudia Geffert
Gestaltung und Satz: Katrin Kleinschrot, Stuttgart
Produktion: Angela List
Druck und Bindung: Westermann Druck Zwickau GmbH
Printed in Germany / Imprimé en Allemagne

Stille Stunde

In unserer lauten, schnelllebigen Zeit, in der wir von einem To-do zum nächsten rennen, helfen **tägliche Rituale,** uns zu erden, aufgehoben und geschützt zu fühlen. Plane jeden Tag eine kleine **Insel der Stille** ein, in der Du vollkommen ungestört bist. Finde eine für Dich stimmige Form diesen **Raum** zu füllen: Meditation, Schreiben oder Malen, ein Spaziergang im Wald, Singen, ein Instrument spielen. Das Ergebnis ist dabei nicht wirklich wichtig – mach Dir selbst das **Geschenk,** einfach ganz bei Dir zu sein. Die Heilkraft dieser **stillen Oase** in Deinem Alltag wird sich rasch entfalten und Dich stärken.